L'ASSASSINAT
du citoyen GÉRARD

L'imprimeur soussigné déclare que cette brochure est tirée à 150 exemplaires, et que cet exemplaire a le numéro... Deux (dépôt)
Lorient, le 31 décembre 1893.

ARCHIVES RÉVOLUTIONNAIRES DU MORBIHAN
PUBLIÉS
SOUS LA DIRECTION DE M. LOCPÉRAN DE KERRIVER

VI
TRIBUNAUX CIVILS & CRIMINELS

I

L'ASSASSINAT
du citoyen GÉRARD

*avec des notes et documents complémentaires pour servir
à l'éclaircissement du texte*

PAR

DIVERRÈS, MACÉ, LOCPÉRAN DE KERRIVER

LORIENT
Imprimerie Générale BRUILHET-LAPARGUE, 100, rue du Port.
1885

PRÉFACE

De tous temps les nations ont traversé des crises violentes. L'effervescence populaire portée à son comble a rendu la multitude capable de toutes les injustices. De vils scélérats qui, d'ordinaire, se cachent dans l'ombre pour perpétrer leurs crimes, profitent de ces troubles, se mêlent à la foule, l'excitent, la poussent à des extrémités qui lui font commettre les actes les plus abominables.

La *TERREUR* nous a malheureusement fourni plus d'un sanglant exemple.

A Paris, dès le mois d'avril 1789, le peuple, ameuté par des gens sans aveu, ne se porta-t-il pas en masse au pillage de la maison *RÉVEILLON*, pillage qui devait bientôt être suivi du massacre de *FOULON* et de son gendre *BER-THIER*, prolégomènes des scènes qui allaient pendant longtemps ensanglanter la capitale, et faire tomber en France, tant sous le fer des assassins, que sous celui du bourreau des milliers d'innocents!

La Province aussi semblait atteinte de cette folie du sang qui avait frappé la capitale ; l'on ne voyait partout que pillage et incendie de châteaux ; dans certaines villes la guillotine en permanence était largement pourvue de victimes par les tribunaux d'alors !

Sur un simple soupçon l'on arrêtait un citoyen paisible, on l'enfermait dans une prison, dont il était souvent arraché par une populace en furie qui, après l'avoir massacré, promenait sa tête au bout d'une pique ; trophée sanglant, objet d'horreur pour tous les honnêtes gens qui, sur la dénonciation mensongère d'un de ces énergumènes, pouvaient du jour au lendemain de spectateurs devenir des victimes.

Une de ces horribles scènes de canibalisme eut lieu à Lorient, ville jusque là fort tranquille, le 15 septembre 1792 ; nous allons la retracer.

ASSASSINAT DU Sʀ GÉRARD

victime des fureurs populaires

à *LORIENT*, le 15 Septembre 1792

Lorient fondée depuis peu de temps par la Compagnie des Indes Orientales, comptait à peine un siècle d'existence lorsqu'éclata la révolution de 1789.

Cette ville possédait déjà un certain nombre d'habitants, et commençait à être regardée comme une importante cité.

A peine l'Assemblée Nationale eut-elle voté la nouvelle constitution, qu'elle suivit le mouvement imprimé par les idées nouvelles et que l'on vit se former dans son sein, dès le 1ᵉʳ septembre 1790, une Assemblée, comme toutes les villes de France allait bientôt en posséder, connues sous le nom de *Club des Amis de la Constitution,* (1) Assemblée qui, dès sa première séance, s'empressa de demander l'affiliation au *Club des Jacobins à Paris*.

Rien alors ne faisait prévoir le drame terrible qui allait quelque mois plus tard ensanglanter les rues de cette cité laborieuse, honnête et tranquille.

A Paris, le 2 septembre 1792, une foule nombreuse s'était portée aux prisons des Carmes, du Séminaire St-Firmin, de la Force, de l'abbaye St-Germain et les citoyens de tous états qui y étaient renfermés avaient été impitoyablement massacrés.

Ces événements avaient eu un énorme retentissement par toute la France et avaient développé une grande surexcitation parmi la populace.

---

(1) Lire les délibérations de ce Club, publiée actuellement par l'Imprimerie Générale, 10, rue du Port, à Lorient.

Aussi, quant à quelques jours de là, le bruit se répandit qu'un négociant demeurant sur les Quais, le sieur Gérard, faisait embarquer des armes, à bord d'un vaisseau nommé la *Bellone*, à destination des ennemis, l'effervescence populaire fut à son comble, et la foule se porta à l'Hôtel-de-Ville ou le Conseil général de la commune se trouvait alors réuni sous la présidence de M. Dusaulchoy, maire.

C'est en lisant les procès-verbaux de la municipalité de Lorient à cette époque que l'on peut se rendre un compte exact de cette triste journée, aussi ne me permettrai-je d'y rien retrancher, me contentant d'y ajouter simplement quelques notes.

Voici ces procès-verbaux :

MUNICIPALITÉ DE L'ORIENT

DISTRICT D'HENNEBONT, DÉPARTEMENT DU MORBIHAN

(Extraits du registre des délibérations du Conseil général de la commune)

SÉANCE extraordinaire du Conseil général de la commune, du vendredi 14 septembre 1792, l'an quatrième de la Liberté, à quatre heures de relevé, on étaient : MM. Dusaulchoy, maire, Président ; présents: Garnier, Rosé, Elary, Desjardins, Chedeville et Macé, officiers municipaux ; Cambry, (1) procureur de la commune ; Roussel, Duquesnel, Le Floch, Lechesne, Mocquer, Bijotat, Salomon, Frichet fils, Henry, père, Cordier, Michaud, Duguerchet, Fruchard, Ledoux, Glottin, Pallière, Lazé, Delacom, Gougeard fils, Lavaysé et Martin, notables ; Dorigny, Jourdanet, Cordon, Le Fèvre et Yvon, officiers municipaux ; absents : les trois premiers n'étant pas revenus d'Auray, où ils avaient été à l'Assemblée électorale, Ricoust et Rivalain, notables aussi absens.

M. le Président a annoncé que la clameur publique et la déclaration verbale d'une multitude de citoyens portaient, que le sieur Gérard, négociant de cette ville, chargeait à bord du vaisseau la *Bellone* en destination pour l'Ile-de-France, des caisses d'armes. En conséquence, le conseil député le sieur Chedeville, l'un de ses membres, Lavaysé et Roussel notables, pour se transporter à bord dudit bâtiment, avec une garde de quatre hommes, y vérifier les faits et en rendre compte.

Ledit sieur Chedeville fait le rapport qu'il venoit effectivement d'être embarqué deux caisses contenant des fusils, ainsi qu'il l'avoit reconnu à l'ouverture qu'il avoit été obligé d'en faire sur le pont de décharge, à la demande de plusieurs citoyens ; que la déclaration de ces armes avoit été faite à la douane, sous le

---

(1) Cambry, malmené par l'auteur anonyme de la *Gigantojacobinomachie*, était bon et affable homme d'esprit et fort bien élevé, il était né à Lorient, fit partie plus tard du département du Finistère et fut chargé de constater l'état politique moral et statistique de ce département, sur lequel il nous a laissé deux ouvrages fort curieux: Le voyage dans le Finistère et le catalogue des objets échappés au Vandalisme dans le même département, il fut Préfet de l'Oise sous l'Empire, membre de l'Académie celtique de France, il mourut à Paris, le 30 décembre 1807.

(La réimpression de La *Gigantojacobinomachie* est terminée ; l'ouvrage tiré sur papier réséda et à un très petit nombre d'exemplaires numérotés forme une brochure grand in-8o de 100 pages, avec encadrements et ornements rouges. Prix 50 fr.)

titre de clincaillerie (1) (*sic*) ; que ces renseignemens avoient occasionné près du navire un rassemblement de personnes qui murmuroient sur la nature d'un semblable chargement, et s'exhaltoient en propos menaçants contre la personne dudit sieur Gérard.

Il rapporte de plus, que c'est avec peine qu'il a obtenu de quelques individus du rassemblement, qui vouloient enlever ces armes à l'instant que les deux caisses et plusieurs autres que l'on disoit être à bord dudit bâtiment la *Bellone* fussent chargées sur une voiture, pour être déposées à la maison commune ; qu'il procéda de suite à la recherche des caisses dénoncées ; qu'il s'en trouva, à l'ouverture faite à bord, la quantité de douze caisses, lesquelles réunies aux deux mentionnées ci-dessus, furent transportées sur le champ à la maison commune ; que la nuit étant survenue, il avoit apposé les scellés sur les panneaux de la cale, et remis la continuation de son travail au lendemain 15 courant.

Sur la dénonciation faite qu'il y avoit aussi à bord du navire la *Beauté*, également destiné pour l'Ile-de-France, quelques caisses d'armes chargées par divers particuliers, le maire et le Procureur de la commune se sont transportés à bord dudit navire ; ils y firent apposer les scellés ainsi que sur les panneaux du bâtiment voisin, nommé *La Récolution*.

Une quantité considérable de citoyens se porte avec affluence, vers les sept heures du soir, au lieu des délibérations, et demande à grands cris que le sieur Gérard soit arrêté ; et attendu son absence depuis l'après-midi de ce jour. Le Conseil, ouï le Procureur de la commune en ses conclusions, requiert le sieur Beysser (2), capitaine de la gendarmerie nationale, conjointement avec les dragons nationaux de cette ville, pour procéder à cette arrestation.

Un membre demande que demain 15, la visite à bord des bâtiments *La Bellone*, *La Beauté*, et les navires qui les touchent, soit continuée ; qu'il soit fait des visites domiciliaires chez tous les citoyens des quatre sections, afin de connaître la nature et la quantité des armes qu'ils pourraient avoir, et en dresser l'état ; que les scellés soient apposés sur-le-champ en la demeure du sieur Gérard, pour y être fait toutes vérifications nécessaires.

Le Conseil mettant ces propositions en délibération, ouï le Procureur de la commune en ses conclusions, les a adoptées ; et aux fins de leur exécution, a nommé MM. le Maire et Garnier, pour se rendre sur-le-champ chez ledit sieur Gérard, et apposer les scellés sur son domicile et ses magasins. Le Conseil arrête de plus qu'il sera placé à cette maison une garde suffisante pour y maintenir l'ordre et la tranquillité ; ce qui a été mis à exécution ; que le lendemain il seroit fait une proclamation pour qu'il fut nommé dans chaque compagnie de la garde nationale, quatre commissaires pour procéder à ces vérifications, conjointement avec des membres du Conseil.

Pendant les délibérations susdites, et vers les huit heures, des citoyens des deux sexes (3) affluent à la maison commune ; l'effervescence s'accroit ; les propos les plus alarmans se font entendre ; et à force de patience et de raisons, on parvient à calmer l'agitation pour l'instant. M. le Président lève la séance, en promettant que justice seroit rendue, et que le sieur Gérard, contre lequel les propos s'élevoient de plus en plus, seroit arrêté dans la nuit et traduit aux prisons de cette ville.

Fait et arrêté les dits jour et an que dessus, et ont duement signé, etc. etc.

---

(1) M. Mancel, dans sa chronique Lorientaise nous apprend que ces fusils étaient expédiés pour la traite.

(2) Fut plus tard général dans la Vendée.

(3) Dans ces momens de révolutions les femmes sont bien plus terribles que les hommes, et celles qui constituent la plus belle moitié du genre humain, ressemblent alors à de véritables furies.

SÉANCE du Conseil général de la commune du 13 septembre 1792, l'an quatrième de la liberté, où présidait M. Dusaulchoy maire, et où étaient MM. Lemir et Lapôtaire, président et administrateur du district d'Hennebont ; Dorigny, Garnier, Jourdanet, Rosé, Élary, Cordon, Desjardins, Chedeville et Macé, officiers municipaux ; Roussel, Duquesnel, Le Foch, Lechesne, Mocquer, Bijotat, Salomon, Friché fils, Henny père, Cordier, Michaud, Dugerchet, Fruchard, Ledoux, Glotin, Pallière, Lazé, Delacour, Gougear fils, Lavayse, Martin, notables ; Lefèvre et Yvon, officiers municipaux, absents ; Rivalain et Ricoust, notables, absents ; présents : M. Cambry, procureur de la commune et Deschiens, substitut.

M. le Président a ouvert la séance à huit heures du matin ; à l'instant s'est présenté le sieur Monistrole, dragon dépêché par le sieur Beysser (1), commandant la gendarmerie nationale, pour annoncer au Conseil que le sieur Gérard avait été arrêté à sa campagne, et qu'il serait à la ville dans une heure et demie. Le Conseil considérant les risques que courait ledit sieur Gérard dans sa translation du passage (2), jusqu'au lieu de la prison, craintes fortifiées par les menaces qui se faisaient entendre ; ouï les conclusions du Procureur de la commune, prend la résolution de se porter presqu'en totalité jusqu'au lieu dudit passage de St-Christophe, limite de la municipalité, avec des commissaires sans armes, pris dans chaque compagnie de la garde nationale, afin de servir d'escorte audit sieur Gérard ; il requiert en même temps les détachements de gardes nationaux en état de permanence, ainsi qu'un certain nombre de militaires du quarante-unième régiment, pour soutenir cette marche et éviter tout malheur dans cette circonstance.

Vers les dix heures, le sieur Gérard s'avance au milieu des dragons, près le passage ; il met pied à terre. Le Conseil l'entoure, ainsi que les commissaires susdits ; les vétérans forment une première haie ; les gardes nationaux et militaires, une seconde ; et finalement les dragons se trouvent sur les ailes, indépendamment de forts piquets en avant et en arrière, depuis le passage jusqu'à la porte de la ville.

Les groupes se forment et suivent ; mais ils ne sont pas inquiétans : il n'en est pas de même à l'entrée de la ville ; on hâte le pas au bruit des cris redoublés du fatal mot « à la lanterne, » qui se fait entendre de toutes parts. Le cortège est vivement pressé ; et ce n'est qu'au milieu des plus grands dangers qu'on parvient à faire entrer le sieur Gérard dans la prison civile de cette ville, où le peuple veut le suivre, en le demandant à grands cris.

Les officiers municipaux et des membres du Conseil général, se précipitent avec le prévenu dans le couloir qui conduit à la prison, heureusement soutenus par plusieurs grenadiers de l'escorte qui arrêtaient la foule ; on parvient à faire fermer les portes, et l'on donne le temps au prisonnier de traverser la cour pour se rendre à une chambre haute, où on l'enferme ; les officiers municipaux requièrent au moment, que la garde de l'intérieur de la prison, composée de sept hommes, soit augmentée de quinze grenadiers du bataillon en permanence, commandés par un officier ; ce qui eut lieu avant de désemparer.

Cette opération achevée, les membres du Conseil général se disposent à sortir pour se rendre à la maison commune.

---

(1) Voici comment s'exprime M. Manuel au sujet de cette arrestation :

« Tous les souvenirs s'accordent à assurer que le détachement mit au moins le double de temps nécessaire pour se rendre à la campagne de Gérard dans l'espoir que celui-ci serait prévenu et se mettrait à l'abri ; malheureusement, ce fut lui-même qui vint ouvrir et le détachement ne put se dispenser de l'arrêter. »

(2) Avant la construction du pont suspendu, il existait un bac à St-Christophe pour se rendre à Hennebont.

A la dernière porte donnant sur la rue, des cris effrayants s'élèvent de nouveau ; une foule immense se précipite sur les gardes, en continuant à demander avec fureur la tête du sieur Gérard ; mais la bravoure des citoyens des différents détachements portés près et aux environs de la porte, parvient à arrêter les cours de la violence. Alors les officiers municipaux veulent proférer le langage de la loi ; ils ne sont pas écoutés ; ils sont méconnus, on les injurie, on les menace ; et ce n'est qu'avec peine qu'ils gagnent le lieu ordinaire de leurs séances, pour délibérer sur les faits ultérieurs.

Dès le matin une foule de citoyens s'était portée à la maison commune, pour demander que le sieur Gérard fût jugé sur-le-champ.

Aussitôt l'arrestation effectuée, un plus grand nombre se porte de nouveau au lieu des séances, et renouvelle la demande déjà faite.

Le Conseil arrête de suite qu'à la diligence du Procureur de la commune les faits énoncés contre le sieur Gérard, seront présentés au Juge de paix du premier arrondissement, pour suivre en première instance, conformément à la loi : cette mesure parait calmer pour l'instant.

M. le Président présente un travail d'ordre pour exécuter les visites arrêtées la veille, tant celles domiciliaires que celles de la maison du sieur Gérard et des vaisseaux où les scellés avoient été apposés.

En conséquence, on fait l'appel nominal des commissaires nommés par chaque compagnie, pour être adjoints aux membres du Conseil, savoir :

ORDRE DE TRAVAIL POUR LE 15 SEPTEMBRE 1792

Première section

MM. Elary, officier municipal ; Salomon et Henry, notables, dix citoyens commissaires ;

Seconde section

MM. Cordon, officier municipal ; Roussel et Bijotat, notables ; dix citoyens commissaires ;

Troisième section

MM. Mené, officier municipal ; Cordier et Ledoux, notables ; dix citoyens commissaires :

Quatrième section

MM. Rosé, officier municipal ; Lechesne et Delacour, notables ; dix citoyens commissaires ;

Pour le vaisseau La Bellone et celui du voisin

MM. Jourdanet et Chedeville, officiers municipaux ; Glotin, Fruchard et Mocquer, notables ; vingt citoyens commissaires.

Pour le vaisseau La Beauté et celui du voisin

MM. Garnier, officier municipal ; Duquesnel, Pallières et Gougeard, notables ; vingt citoyens commissaires.

Maison Gérard

MM. Dusaulchoy, maire ; Dorigny, officier municipal ; Deschiens, substitut du Procureur de la commune ; Michaud, Lazé et Friché, notables ; trente citoyens commissaires.

Maison commune pour la visite des armes qui y seront envoyées

MM. Desjardins, officier municipal ; Cambry, Procureur de la commune ; Lavaysse, Martin, Lelloch et Duguerchet, notables ; cinquante citoyens commissaires.

Les commissaires se sont aussitôt divisés pour vaquer à la commission dont ils étoient chargés ; ceux destinés à la maison du sieur Gérard, font appeller le sieur Corvaisier, juge de paix du premier arrondissement, pour être présent à la levée des scellés, et procéder ensuite au fait de son ministère.

Pendant cette division de fonctions, les membres restés à la maison commune reçoivent à midi et demie, une députation nombreuse des ouvriers du Port, laquelle a pour objet de demander que le sieur Gérard soit jugé de suite sur la place de la Fédération.

On lui représente que le lieu n'est pas propre à l'examen qu'on doit faire ; alors elle demande au Procureur de la commune que la municipalité réponde de la détention du sieur Gérard.

On s'y engage ; et pour assurer la responsabilité de la municipalité, on exige sept commissaires sans armes, nommés par la députation, qui ne perdront pas de vue le prévenu.

La députation indique les sieurs Joseph Gontier, cordier ; Pierre Le Rousseau, marin ; François Cormier, forgeron ; Joseph-Marie Kernec, serrurier ; Hypolyte Beral, marin ; Jean-Marie Legal, menuisier, et Antoine, syndic des classes ; ces commissaires sont acceptés, commencent leur surveillance au nombre de deux, pour se relever de deux heures en deux heures, et la députation se retire.

A une heure et demie de l'après-midi, le sieur Segoudat, ingénieur-constructeur de la marine se présente à la maison commune, et déclare que M. Descqville, commandant du Port, l'a chargé de prévenir le Conseil que quelques représentations que ce commandant ait faites à la masse des ouvriers, ces derniers sont obstinés à sortir armés de leurs outils tranchants, en disant que le peuple les demandoient. Sur ce rapport et l'annonce faite au même instant que ces ouvriers se portaient au lieu de la prison, où étoient rassemblés depuis le matin une quantité prodigieuse d'hommes et de femmes mêlés de militaires de différens corps ; Le Procureur de la commune entendu, le Conseil arrête de faire battre la générale, afin d'appeller chaque citoyen à son poste respectif, et par cette mesure, diminuer un rassemblement aussi nombreux.

Il invite tous les corps administratifs et judiciaires à se rendre au lieu de la séance, et requiert les chefs des différentes troupes de ligne, ainsi que de la garde nationale, de prendre toutes les mesures et dispositions nécessaires pour que la prison ne soit pas forcée.

Quelques instans après ces dispositions prises, divers officiers municipaux et notables se présentent de nouveau au lieu du rassemblement ; ils essaient de faire connoître la loi et le respect qui lui est dû ; et comme le matin, ils sont encore méconnus, repoussés, injuriés, et contraints à se retirer. Quelques bons citoyens les préviennent que leur présence anime davantage ; qu'ils croient que leur retraite diminuera le trouble.

Ils arrivent forcément à ces observations ; se rendent à la maison commune, pour prendre, s'il est possible de nouvelles mesures.

A peine prennent-ils séance, que plusieurs du rassemblement viennent s'assurer s'il est vrai que l'on ait donné ordre de charger les armes ; que dans ce cas ils préviennent qu'ils en feront autant ; et ne cachant pas que quelques uns d'entre eux ont pris l'avance à cet égard, ils demandent des cartouches.

On leur assure formellement le contraire, et on les charge d'avertir que loin d'avoir pensé à cette mesure dangereuse, pour le prouver, on va faire une proclamation qui tende à empêcher que l'on ne fit feu. Il paroît que ce langage contente ces hommes, qui s'en retournent vers le lieu du rassemblement pour détruire l'imputation que des méchans sans doute avoient fait courir afin d'enflammer davantage.

La proclamation est rédigée à l'instant, et envoyée par le Trompette, avec ordre ensuite de la remettre à M. le Commandant de la place et au chef de légion, qui en font la lecture à différentes reprises ; elle porte en outre une invitation aux femmes mêlées dans le rassemblement, qu'elles aient à se retirer paisiblement chez elles ; ces mesures produisirent un bon effet pour le moment : mais il n'est pas de longue durée. Le Conseil est averti d'instans à autres, que la multitude ne se porte encore à aucun excès ; que les gardes nationales et troupes de lignes maintiennent le bon ordre ; ce qui donne l'espoir que la bonne contenance de ces troupes parviendra à fatiguer les malveillants et à les décider à se dissiper insensiblement. On propose, comme nouvelle mesure, de députer les vétérans, sans armes, pour prêcher la paix, le respect à la loi, et conseiller la retraite aux hommes attroupés.

L'Assemblée arrête cette disposition ; ces citoyens vénérables se prêtent à cette mission, et partent de suite pour la remplir ; ils viennent de minutes en minutes tranquilliser le Conseil.

Peu de temps après, on l'informe que des gens armés, même non loin de la prison, font cause commune avec les hommes du rassemblement.

Dans cette circonstance particulière et alarmante, les commandants militaires et plusieurs vétérans proposent de faire battre la retraite, en laissant toujours aux portes de la prison différens corps de troupes sures et de confiance, pour en défendre l'entrée.

Après délibération et avoir entendu le Procureur de la commune en ses conclusions, cette mesure paroit plus convenable que d'employer la loi Martiale, qui, à l'unanimité des membres du Conseil, paroit insuflisante, attendu que dans ce moment affreux il étoit impossible de compter que force resteroit à la loi ; qu'au contraire il y avoit tout lieu de craindre que des flots de sang eussent coulés.

A peine cette mesure proposée est-elle adoptée, que vers les quatre heures et demie de l'après-midi on vient annoncer précipitamment que par le changement de la garde de la porte extérieure, occasionné par l'arrivée du bataillon de Kéreutré, qui, comme premier bataillon de la légion du district, vouloit occuper ce poste ; cette manœuvre offroit un vuide dont les malfaiteurs profitent pour forcer les portes de la prison, que des coups de haches brisent.

A l'instant le maire, avec une partie de la municipalité et le Procureur de la commune, sortent pour se porter au lieu où se commet le délit, ils ne peuvent y pénétrer, ils sont même repoussés la bayonnette au corps.

On a connaissance qu'on escalade la prison de toutes parts ; que la multitude composée d'hommes armés de fusils et de haches, comme un torrent, écarte tout ce qui l'approche et l'environne ; elle parvient jusqu'à la chambre où étoit le prévenu, le saisit, l'arrache aux commissaires nommés par les charpentiers pour le garder ; la hache levée, on menace le sieur Antoine, l'un d'eux, on traine la victime jusque sur la place de la Fédération, où elle est immolée.

Le Conseil apprend que la tête et le corps de l'infortuné sont promenés dans les rues par une multitude effrénée ; sa douleur est profonde ; il ne peut que gémir, il reste à son poste pour attendre la fin de ce sinistre événement.

On rapporte au Conseil que le nommé Durand, qui a parlé en faveur de la victime, en invoquant la loi, a été assailli de plusieurs coups de bayonnettes et blessé dangereusement.

Vers les cinq heures du soir, le Conseil est informé que la multitude approche de la maison commune ; la garde se met en devoir d'empêcher que cette foule de forcenés pénètre confusément jusqu'à l'endroit des séances, qui avoisine la caisse du receveur des contributions et celles de l'hypothèque des billets de confiance : elle a ordre de laisser entrer seulement des députés en petit nombre et sans armes.

Cette multitude après avoir lancé des cris aigus au-devant de la maison commune, y reste quelques temps ; le Procureur de la commune se retire vers elle pour essayer encore de se faire entendre, et voir enfin si le langage de la loi est toujours méconnu.

Il ne peut se faire écouter : il revint au Conseil, pénétré d'horreur du spectacle qui a frappé ses yeux.

La multitude s'éloigne pour aller parcourir les fauxbourgs.

Vers six heures, on apprend que le rassemblement se dissipe de lui même ; et peu de moments après, la tête de la victime est jettée dans la cour de la maison commune, d'où on la transfère à l'Hôtel Dieu, où était déjà déposé le cadavre.

Des patrouilles de cinquante hommes de chaque corps sont ordonnées, pour veiller dans la ville pendant la nuit et prévenir de nouveaux malheurs annoncés par la clameur publique.

Il est arrêté qu'on transmettera au département la connaissance des faits mentionnés au présent.

Le Conseil se retire, le désespoir dans le cœur, et remet sa séance au lendemain à 7 heures du matin, invitant la permanence accoutumée à la vigilance la plus scrupuleuse pendant cet intervalle.

Fait et arrêté les dits jour, mois et an que dessus et ont duement signé.

SÉANCE extraordinaire du Conseil général de la commune, du dimanche 16 septembre 1792, tenue à sept heures et demie du matin où présidoit MM. Dusaulchoy, maire ; Dorigny, Garnier, Jourdanet, Rosé, Elary, Cordon, Desjardins, Chedeville et Macé, officiers municipaux ; Cambry, Procureur de la commune ; Roussel, Duquesnel, Lelloch, Lechesne, Mocquer, Bijotat, Salomon, Friché fils, Henry père, Cordier, Michaud, Duguerchet, Fruchard, Ledoux, Glotin, Pallière, Lazé, Delacour, Gougeard, Martin, Lavayse, notables ; Lefèvre et Yvon, officiers municipaux, absens ; Rivalin et Ricoust, notables, absens ; et MM. Lapôtaire et Lemir, du directoire du district, présens.

La séance a été ouverte par la lecture du procès-verbal d'hier, qui a été adopté.

Un membre a observé que les malheureux évènements de la veille devoient engager le Conseil à faire une proclamation qui tendît à leur rappeller que l'obéissance à la loi étoit un des premiers devoirs des citoyens.

Cette mesure est adoptée ; on demande de plus qu'il soit fait une réquisition à MM. les Juges de paix, pour suivre et poursuivre les agitateurs du peuple dans l'affaire d'hier ; cette proposition mise en délibération, le Conseil ouï le Procureur de la commune en ses conclusions, adopte cette mesure à l'unanimité, et charge en conséquence le Procureur de la commune de suivre devant les Juges de paix de l'arrondissement, toute dénonciation faite contre les fauteurs et complices du massacre du sieur Gérard, et les agitations du peuple lors de l'attroupement.

Plusieurs membres rappellent que dans le nombre des gardes nationales armées, appellées par les représentans du Peuple, pour défendre la loi et s'opposer à toute incursion dans le lieu de détention ou se trouvoit le sieur Gérard, quelques uns d'entre eux manifestoient des opinions qui tendoient au désordre ; le Conseil, prenant cet objet en considération, et observant qu'il est de l'intérêt public que les délinquants à la loi, s'il est possible de les découvrir, soient punis, arrête, ouï le Procureur de la commune en ses conclusions, que les chefs de légion soient invités à faire rassembler les conseils de discipline de chaque bataillon, afin qu'ils aient à suivre telles mesures que la loi indiquera.

Fait et arrêté les dits jour et an que dessus, et ont duement signé.

SÉANCE extraordinaire du Conseil général de la commune, tenue le lundi 17 septembre 1792, à une heure de l'après-midi, où étoit M. Dusaulchoy, maire ; présens, MM. Dorigny, Garnier, Jourdanet, Rosé, Elary, Cordon, Desjardins, Chedeville et Macé, officiers municipaux ; Cambry, Procureur de la commune ; Deschiens, substitut du Procureur de la commune ; Roussel, Rivalain, Duquesnel, Lellou, Lechesne, Mocquer, Bijotat, Salomon, Friché, Henry, Cordier, Michaud, Duguerchet, Fruchard, Ledoux, Glottin, Pallière, Lazé, Delacour, Gougeard, Lavaysse et Martin, notables ; absens, MM. Yvon et Lefèvre, officiers municipaux ; présens, MM. Esnoul, Président du département ; Lemir et Lapôtaire, Président et Administrateur du district d'Hennebont ; Kerlero l'aîné, Le Gallic et Maujouan, juges du Tribunal du district d'Hennebont, siégeant à l'Orient ; Lecorvoisier, Rio et Kerlero cadet, juges de paix du canton ; Mancel, Puchelberg et Godin, Juges du commerce, tous réunis au Conseil général.

Le Conseil réuni extraordinairement, sur l'avis donné d'un rassemblement considérable d'ouvriers du Port, et autres citoyens, qui devoient se porter pour enlever des prisons deux particuliers qui y avoient été conduits par des citoyens connus, soupçonnés d'être les auteurs de l'assassinat du sieur Gérard ; et également instruit que l'on menaçoit plusieurs maisons de cette ville, a arrêté de faire prendre les armes à la garde nationale, et particulièrement à la compagnie des canoniers, pour en imposer à la multitude et prévenir les nouveaux malheurs dont la ville étoit menacée. Ensuite l'Assemblée, pénétrée de l'horreur qu'a inspiré à tous les bons citoyens la séance tragique de samedi dernier, convaincue de la nécessité de faire respecter la loi et de punir sévèrement tous les auteurs, moteurs et complices de l'assassinat commis sur la personne du sieur Jean-Louis Gérard, négociant de cette ville ; mais considérant que pour parvenir à cet acte de justice, il falloit un concours général de sentimens et une démonstration suffisante de fermeté pour en imposer aux factieux, et faire taire la malveillance, a ouvert sa séance par le rappel de la loi relative à la force publique contre les attroupemens, et par le serment de la faire exécuter ou de mourir à son poste. M. Lagrange, commandant le quarante-unième régiment en garnison en cette ville, présent, voulant donner une nouvelle preuve de son dévouement à la chose publique, s'est empressé de prêter le même serment qui fut suivi par l'offre de service des soldats du neuvième régiment, et leur demande d'armes, dont ils étaient dépourvus, n'étant ici qu'en passant. Le Conseil, après avoir applaudi et accepté cette proposition, arrête de requérir force à la loi, de la garde nationale en la personne de M. Perrier, chef de légion, du quarante-unième régiment, et du corps de l'artillerie coloniale.

Un membre annonce à l'Assemblée l'arrestation à la maison d'arrêt, dès le matin, des nommés Bailly et Lacour, véhémentement soupçonnés de complicité dans le crime commis samedi dernier, et causes premières des mouvemens de ce jour.

A l'instant, le nommé Legouil, accusé par le sieur Pierre Renaud, d'avoir suivi la tête de la malheureuse victime, est traduit devant le Conseil, qui d'après l'aveu du coupable et le Procureur de la commune ouï, ordonne son renvoi à la maison d'arrêt. Le sieur Lechesne se déportant du Conseil, annonce avoir à déposer contre le même individu.

M. Senneville, colonel, commandant l'artillerie coloniale, empressé à concourir au rétablissement de l'ordre, prête le serment arrêté. François-René Fleuret, négociant de Nantes, et Lefort, capitaine en second de l'*Indien*, animés du même zèle, demandent à être admis à la même prestation ; accordé avec applaudissemens.

Le Conseil considérant que lorsque la générale est battue, le poste attribué au bataillon de Kerentré, par ordre de bataille, est extérieur de la ville, pour surveiller à la conservation de la Cité, et les démarches des malveillants au dehors, arrête de requérir ce bataillon de ne point entrer en ville.

Le nommé Gabriel Ellie, marchand en cette ville, accusé par Baillou, et Mounier, au nom de la compagnie des grenadiers du troisième bataillon, est traduit devant le Conseil, qui sur l'appui de la plainte par le sieur Cordonne, trésorier, et les conclusions du Procureur de la commune, ordonne son envoi à la maison d'arrêt.

A l'instant M. le Maire, en exécution de l'arrêté du Conseil, requiert force à la loi de tous les corps armés, en la personne de MM. leurs chefs présens.

Pierre Carro, charpentier du Port, demeurant rue St-Pierre, est traduit devant le Conseil, comme suspect. Le Conseil, ouï le Procureur de la commune, ordonne qu'il soit mis en état d'arrestation.

Sur la remontrance au Conseil que la porte du magasin qui sert pour l'instant au dépôt des prisonniers, n'est point sûre, il ordonne à l'officier de garde de faire toutes les dispositions nécessaires pour assurer la détention des accusés ; et sur la juste observation que dans les instans d'attroupemens, les femmes et les enfans ne peuvent que gêner les mouvements de la force armée ; que d'ailleurs dans un cas pressé ils peuvent devenir les victimes de leur curiosité, le Conseil arrête qu'il seroit fait à l'instant une proclamation, pour leur enjoindre de rentrer chez eux.

Le nommé Jean Guilloux, charpentier-navigateur, demeurant rue St-Pierre, n° 5, est traduit et accusé par le sieur Marcail, son capitaine, d'être un des complices de l'assassinat commis samedi dernier ; l'Assemblée, ouï le Procureur de la commune en ses conclusions, ordonne sa détention à la maison d'arrêt.

Le Conseil, persuadé que le plus grand ennemi de l'ordre est l'ignorance, et considérant que le moyen le plus sûr de faire respecter ses arrêtés, est d'en faire connoître la sagesse au Peuple, arrête que sur la proposition d'un de ses membres, et ouï le Procureur de la commune en ses conclusions, une proclamation qui annoncera le motif de ses délibérations : la lecture de cette proclamation satisfait le Conseil, qui l'adopte après lui avoir donné de justes applaudissemens.

Cette adoption a été suivie de la dénonciation par le sieur Marcail, d'un nommé Dufour, maître d'équipage, qui lui a déclaré connoître une femme, principale motrice des horreurs de samedi dernier ; et de l'annonce par M. Lapôtaire, que Madame Le Jeune connaissoit une femme, qui, samedi matin, à la place, s'arrachoit les cheveux, en tenant les propos les plus incendiaires, et engageant ses semblables au meurtre.

M. le Commandant du bataillon de Kéreatré, fait passer sa détermination ferme de faire exécuter ponctuellement les ordres de la Municipalité, par son bataillon, ou de périr, s'il le faut, à son poste. Cette preuve de dévouement civique a obtenu les justes applaudissemens du Conseil.

Considérant que du concours des volontés naît la force, et que la loi ne peut jamais être mieux respectée, que lorsque tous les bons citoyens se réunissent de sentiment, le Conseil adopte, sur la proposition de M. le Président du département, le nouveau serment relatif à la sûreté des personnes et des propriétés, décrété par le corps législatif, pour toutes les autorités ; et après elles, pour tous les citoyens : en conséquence, il arrête que quoique non reçu officiellement, il prêtera ce serment à l'instant, et requérera tous les chefs de la force armée de le faire respecter chacun à son corps respectif, après la lecture de la susdite proclamation ; et qu'une commission prise dans son sein auroit parcouru les divers quartiers de la ville et des fauxbourgs, pour y publier cette proclamation et recevoir le serment de tous les citoyens.

La garde nationale traduit le nommé Gabriel Labesque, marin, sur l'accusation de suspicion par le sieur Beysser.

L'Assemblée, sur les conclusions du Procureur de la commune, ordonne sa détention à la maison d'arrêt.

M. Descaqville, Commandant du Port, annonce au Conseil qu'il a parcouru tous les ateliers, à l'effet de les engager à dénoncer les coupables n'entre-eux, s'il y en existoit. Ils ont déclarés être entièrement innocens, à l'exception cependant d'un seul, qui a répondu qu'ils étoient tous coupables ; persuadé que cette assertion criminelle ne peut être qu'un moment d'erreur, que corrigera la réflexion ; M. Desecqville demande à être dispensé de désigner aujourd'hui cet atelier, avec promesse de le faire demain, s'il ne revient à son devoir ; mais considérant que de la fermeté dépend en partie la découverte des coupables, et que l'attentat commis est trop atroce pour qu'aucune considération put en retarder la poursuite, le Conseil se refuse absolument à toutes voies d'indulgence, et requiert M. Desecqville de le nommer à l'instant ; alors le Commandant désigne celui des charpentiers, et obtient du Conseil la permission de le faire comparoître par une députation de dix hommes.

Le même Commandant dénonce un nommé Caroür, ouvrier de la garniture pour s'être présenté à lui comme envoyé par M. Beysser, samedi dernier, à l'effet de le réquérir lui commandant, de faire sonner la cloche pour la sortie des ouvriers ; demande à laquelle il crut devoir se refuser.

Un membre de l'Assemblée demande que M. Antoine, syndic des classes, soit appelé à l'instant pour faire connoître l'individu qui, lors des bris de la prison, l'avoit menacé de sa hache ; le Conseil, ouï le Procureur de la commune, ordonne qu'il soit mandé.

Un membre craignant que la liberté des portes ne soit un moyen d'évasion aux coupables instruits des enquêtes que l'on fait contre eux, propose au Conseil de les faire fermer ; mais sur la juste observation que les citoyens innocens seroient gênés et que d'ailleurs nos relations avec l'extérieur en souffriroient, le Conseil passe à l'ordre du jour.

En exécution de l'arrêté précédemment pris, le Conseil, descendu sur le perron de l'Hôtel commune, pour y prêter publiquement le nouveau serment et le recevoir des corps armés, a commencé cette importante opération par la lecture de la proclamation ; elle a porté la joie dans les cœurs de tous les bons citoyens, et ils l'ont prouvé par les cris répétés de vive la Nation, vive la loi. A l'instant MM. Esnoul, président du département : Lemir, Lapôtaire, président et administrateur du district d'Hennebont : Dusaulchoy, maire de la commune de Lorient ; Kerlero, l'aîné, Président du Tribunal ; Corvaisier, premier juge de paix, du canton ; Mancel, juge du Tribunal du commerce ; Desecqville, Commandant la marine militaire ; Gauthier, chef de l'administration de la marine ; Lagrange, commandant de la garnison et du quarante-unième régiment ; Périer, chef de légion ; Senneville, colonel-commandant de l'artillerie coloniale Beysser, capitaine de Gendarmerie ; Henry père, capitaine de la compagnie des vétérans, et un caporal du neuvième régiment, ont répété et prêté individuellement pour et au nom des corps respectifs dont ils font partie, le serment d'être fidèles à la Nation, de maintenir de tout leur pouvoir la liberté, l'égalité, la sûreté des personnes et des propriétés, ou de mourir, s'il le faut, pour l'exécution de la loi. Chacune de ses protestations est accompagnée des cris de vive la Nation, vive la loi. La commission nommée pour la publication de la proclamation et du serment dans la ville et les fauxbourgs, s'est retirée de suite pour remplir cette tâche importante.

Le Conseil rentré, MM. les Juges de paix annoncent que désirant s'occuper de suite de la procédure contre les coupables, ils vont se retirer, afin de procéder à l'interrogatoire des détenus, et à la comparution des témoins ; ce qu'ils ont exécuté.

A peine un membre a-t-il annoncé l'arrivée de la députation de l'atelier des charpentiers, que M. Desecqville dénonce le nommé Nicolas Bernivel, charpentier, pour avoir rentré après la sortie des ouvriers, samedi dernier, à l'effet de prendre sa hache, au mépris de défenses expresses dudit commandant ; il a cité comme témoin Allain, maître calfat, et Coroler, maître charpentier ; mais la présense de la députation ayant fixé l'attention du Conseil, le Procureur de la commune interpelle le nommé François Cornier, qu'il reconnoît pour avoir été un des commissaires envoyés par la municipalité, à l'effet de rétablir la tranquillité près les prisons avant le fatal instant de samedi dernier, de déclarer les moteurs, fauteurs et auteurs du crime commis presque en sa présence.

Ledit Cornier soutient affirmativement n'avoir connu personne ; mais à l'instant le nommé Pierre François Metour, faisant partie de la députation, pénétré de l'horreur qu'a inspiré à tous les bons citoyens le forfait commis samedi dernier, et glorieux de contribuer autant qu'il est en lui, au maintien de la loi par la punition des délinquans, déclare avoir vu et connu le nommé Vincent Kerrès, menuisier au Port, portant la tête de la malheureuse victime.

Cette franchise mérite à son auteur les plus vifs applaudissements du Conseil, qui ordonne qu'il en seroit fait mention honorable dans son procès-verbal ; et par suite ouï, le Procureur de la commune, que ledit Vincent Kerrès soit amené.

Le Procureur de la commune requiert ensuite qu'après lecture donnée du nouveau serment, cette même députation soit invitée à le prêter : ce qu'elle a fait avec empressement ; et sur les nouvelles assurances qu'ils ne connoissent aucuns des coupables, le Conseil déclare tous les membres de la députation libres, et ils se retirent.

A l'instant le nommé Guyovic, cordonnier, rue Beaumont, est traduit par MM. Béchant et Desjardins, et accusé par eux d'avoir parlé de la loi avec mépris, et de s'être autorisé des massacres commis à Paris et ailleurs, pour excuser le forfait dont il paraissoit s'être rendu complice à l'Orient. Le sieur Cosson appuie cette dénonciation, comme témoin.

En conséquence, ouï le Procureur de la commune, le Conseil ordonne qu'il soit mis en état d'arrestation.

Antoine, syndic des classes, se rend aux ordres qu'il a reçus : interpellé s'il connaissoit celui qui l'a menacé de sa hache à la prison, il répond négativement et persiste ; le Conseil lui ordonne de se rendre à son poste.

Corroler, maître charpentier, interpellé s'il est à sa connaissance que Nicolas Bernivel ait sorti sa hache du Port samedi dernier ; déclare savoir que cet ouvrier l'avoit sortie de la porte rouge, mais qu'elle avoit restée à la mâture : cette déposition porte le Conseil à déclarer nulle l'accusation contre Bernivel.

Quelques individus se présentent pour prendre des passeports ; le Conseil considérant que continuer à en délivrer, pourroit être un moyen d'évasion pour les coupables, arrête que la distribution des passe-ports sera suspendu pendant trois jours.

Le sieur Sabine dénonce le nommé Rousseau, marin, comme auteur principal du massacre du sieur Gérard ; présente et dépose le sabre qu'il dit être celui qui a servi d'instrument à la férocité de ce malheureux, et déclare le nommé Herviant, boucher de cette ville, pour être son complice. L'horreur qu'a inspiré ce dépôt, a porté le Conseil à donner sur le champ, d'après les conclusions du Procureur de la commune, les ordres les plus précis à M. Beysser, de prendre toutes les précautions et les forces nécessaires pour arrêter ces deux coupables.

Ensuite le sieur Monnier, garde nationale dans la compagnie de Guérin, annonce avoir de forts griefs à déposer contre le même Rousseau.

D'après la dénonciation du coeq du vaisseau particulier le *Favre*, le Conseil donne ordre au sieur Bonarie de rechercher cet individu, et au commandant de la garde nationale de fournir quatre hommes à cet officier pour en favoriser l'arrestation.

Le sieur Joubert, dénonce une femme nommée Annette Gautier, demeurant rue du Puits, pour avoir été vue, samedi dernier, un sabre à la main ; il tient ce fait du sieur Bodelvose : déclare de plus, que lors de l'émeute de l'année dernière, il a vu cette même femme ameuter et exciter le peuple au meurtre dans la rue de la Salle. Ouï le Procureur de la commune, le Conseil ordonne de la faire comparoître.

M. Secqvillé annonce que l'atelier des charpentiers reconnoît son erreur; qu'ilavouent qu'effectivement, lors de cette malheureuse affaire, ils étoient tous hors du Port ; mais qu'ils ignorent les moteurs du massacre commis ; ils promettent de déclarer les coupables qu'ils pourront connoître.

Un membre observe au Conseil, que le local qui sert de maison d'arrêt est trop petit, pour contenir le nombre des détenus ; en conséquence, demande que l'on cherche à s'en procurer un plus vaste et plus sûr. M. Secqville propose Pontaniou, et le Conseil accepte ; à l'instant M. le Maire donne l'ordre de faire relever le gardien de cette prison, de garde à la porte de Hennebont.

Le sieur Boudelvose annonce avoir entendu des femmes assurer que la femme Gauthier avoit été vue un sabre en main, en disant qu'elle seule lui feroit son affaire ; il reçoit l'ordre de faire comparoître ces femmes.

Sur l'observation que la liberté des portes, pendant la nuit, pourroit favoriser l'évasion des coupables, Le Conseil ordonne que passé huit heures du soir, personne ne pourra sortir de la ville.

Les commissaires chargés de la visite de la *Bellone*, ayant annoncé que leurs opérations sont finies, le Conseil général ordonne avec empressement, que la garde en soit retirée.

Les ouvriers du Port, fidèles au serment qu'ils viennent de prêter, ont amené eux-mêmes le nommé Vincent Kerrès, accusé de complicité. Ouï le Procureur de la commune en ses conclusions, le Conseil ordonne sa translation à la maison d'arrêt.

Le sieur Le Fort, chargé du détail de la Corderie, traduit et accuse, au nom de la Compagnie des canonniers bourgeois, le nommé Jean-Marie Mahé, cordier demeurant à la Prée-Paris, numéro 45, pour être un des chefs qui ont accompagné la tête à l'Hôtel commune. Le sieur Béchant appuie l'accusation ; et le Conseil, ouï le Procureur de la commune, ordonne qu'il soit conduit à la maison d'arrêt.

Le sieur Bonaric rapporte n'avoir point trouvé le cocq du *Fanne*, nommé Le Comte ; indique sa demeure rue de Fulvy, et le Conseil donne ordre de l'amener.

Le sieur Regner, fils, dénonce le nommé Jean-Baptiste Souri, marin, rue de Beaumont ; il dit que ce marin, rentré chez lui, blessé à la main, a affirmé avoir donné plus de vingt coups de bayonnettes au sieur Gérard ; les sieurs Toulmouche, Coulon et Dufour, chirurgiens ; Madame veuve Cougoulic, près la Congrégation, vis à vis M. Roussel, Madame veuve Maréchale, Madame Robert, sont les témoins de cet aveu révoltant. Ouï le Procureur de la commune, le Conseil ordonne de le faire arrêter.

Un caporal et trois soldats du quarante-unième régiment traduisent le nommé Mathurin Le Gallic, cordier, rue de l'Église, pour avoir manqué à un fonctionnaire, et lui avoir dit que l'on voyoit bien que lui, Gallic, n'étoit pas armé. Ouï le Procureur de la commune en ses conclusions, le Conseil ordonne de le faire consigner au corps-de-garde.

La comparution du nommé Signol, gardien de Pontaniou, à qui l'on ordonne de recevoir les prisonniers qu'on lui enverra, amène l'ordre au commandant de la garde de tenir cinquante hommes prêts pour conduire de suite les détenus à cette prison.

Comparution de la femme Boudelvose et d'Anne Veloth, demeurant rue de Bourgogne, n° 22, qui déclarent avoir entendu que la femme Gauthier avoit été vue, samedi dernier, avec un sabre. Le sieur Beysser affirme le fait ; conclusions et ordre de la faire arrêter.

Joseph Guerengan déclare avoir connoissance des personnes qui ont pris les boucles de jarretière de M. Gérard, offre de les faire connoître ; ils demeurent rue du Vélaër, n° 10. Il accuse aussi un nommé Mounier, tonnelier, d'avoir flagellé la figure du dit sieur Gérard.

A ce trait d'horreur est succédé un instant de jouissance flatteuse ; M. Philippe, député par la commune de Port-Louis vers celle de Lorient, pour s'informer de la situation de notre citée se présente au Conseil général, et lui offre des secours de la part de ses commettants, en cas de besoin : Le Conseil, flatté de cette attentive inquiétude, témoigne par l'organe de son président, au dit sieur député, combien il est sensible à cette marque de fraternité; l'assure que la ville est tranquille et qu'elle seroit flattée de trouver une occasion, plus agréable cependant pour prouver sa reconnoissance à celle de Port-Louis.

Un membre observe que le calme étant parfaitement rétabli dans la ville, il pense que l'excédent de la Garde actuelle, sur celle portée par l'ordre de service du jour, devient inutile : Le Conseil toujours flatté de pouvoir diminuer les charges des citoyens, ordonne à l'instant le renvoi de cet excédent; mais avec recommandation expresse à la permanence de se tenir prête au premier signal : Il fait ensuite remercier les troupes de ligne, en ordonnant cependant les précautions nécessaires pour la rentrée des cartouches.

Les soldats du neuvième régiment, flattés de la réception qu'ils ont eu, viennent en faire leur remerciement au Conseil; Les citoyens, enchantés de leur témoigner une fraternité réciproque, s'empresse à leur offrir le logement; et le Conseil arrête que demain il leur sera délivré un certificat, qui constatera leur bon service, et engagera leur chef à passer sur ce qui pourroit leur paroître une faute de discipline, relativement à leur absence momentanée.

Le nommé Denis-Joseph Monnier, est traduit devant le Conseil par la garde en vertu de l'ordre qu'elle en avoit reçu. Le Procureur de la commune ouï, le Conseil ordonne son envoi à la maison d'arrêt.

La même garde, en vertu d'ordres antérieurs, traduit aussi le nommé Leconte, cocq du vaisseau particulier le *Faune*; Jacques Borcher, ayant attesté le reconnoître pour être un de ceux qui escortaient, dans les rues, la tête de la malheureuse victime; ouï le Procureur de la commune, l'assemblée le déclare en état d'arrestation.

Julien-François Leguenec, demeurant rue des Trois-Violons, annonce au Conseil avoir entendu le nommé Marc Scanvic, canonier matelot, demeurant rue de Beaumont, n° 5, dire à différentes fois s'être trouvé au lieu même où notre infortuné concitoyen avoit été inhumainement massacré; même, que peu touché de ses cris : grâce, il l'avoit le premier frappé d'un bâton qu'il tenoit en main : les personnes à qui il tenoit ces propos, sont de la compagnie de M. Douche, 3ᵉ bataillon. Le Procureur de la commune ouï, le Conseil ordonne l'arrestation de cet individu.

Le sieur Louis-Auguste Mariage, officier au quarante-unième régiment, traduit et dénonce au Conseil le nommé Antoine, syndic des classes, comme chef d'attroupement.

Le sieur Fruchard, après s'être déporté du conseil l'accuse d'avoir reçu des lettres anonymes, et l'interpelle de les déposer.

MM. Lapôtaire, Périer et Bijotat, offrent de déposer contre le même.

Ouï le substitut du Procureur de la commune en ses conclusions, le conseil ordonne son envoi à la maison d'arrêt : sommé de faire voir les papiers dont il est porteur, il dépose sur le bureau trois pièces dont deux lettres et la dénonciation d'un malfaiteur, lesquelles chiffrées de lui et du dit substitut du Procureur de la commune restent en dépôt sur le bureau.

Le sieur Deschiens, après s'être déporté, dénonce Jean-Marie Legal, pour l'avoir vu souvent tenir des propos très incendiaires.

Le Procureur de la commune ouï, l'assemblée ordonne qu'il soit amené.

Thomas Colinet de l'artillerie nationale de cette ville, dénonce le nommé Boinet, emballeur pour la compagnie : Il dit le reconnoître pour avoir traîné

le cadavre; haussé les hommes pour leur faciliter l'escalade des prisons:
Le sieur Desforges appuyant cette dénonciation, dit avoir d'autres griefs
contre lui. Ouï les conclusions du substitut du Procureur de la commune
le conseil ordonne de le faire arrêter.

Le même Colinet dénonce Philippe-François, Cordier, qu'il accuse avoir
donné plusieurs coups de sabre et de bayonnettes au nommé Durand, voilier, et
tenu des propos très injurieux contre la compagnie des cannonniers,
devant la prison. Le conseil, après les conclusions du substitut du Procureur de la commune, ordonne que cet homme soit arrêté.

Le sieur Desforges, demeurant rue de Condé, déclare avoir à déposer
contre le sieur Lacour.

M. Meyer, capitaine des dragons-nationaux, se présente au conseil et
lui demande s'il tiendra sur pied un piquet pour la patrouille de la nuit;
après avoir reçu l'ordre de le faire, il se retire.

La garde, en exécution d'ordres antérieurs, traduit le nommé Scauvie.
Ouï le Procureur de la commune en ses conclusions, le conseil fait prononcer qu'il était en état d'arrestation.

Le sieur Curieux l'aîné, dit avoir reconnu le nommé Marchamat dans la
foule, lorsqu'on traînoit le cadavre de feu Gérard; le sieur Vacher dit
l'avoir vu jouer du fifre dans le cortège.

Le conseil, ouï le substitut du Procureur de la commune, ordonne l'arrestation de Marchamat.

Le sieur Desforges annonce tenir du nommé Pennec l'aîné, menuisier,
qu'il a entendu le sieur Barat engager ses ouvriers au massacre, par les
propos les plus forts et les plus déterminans.

Après les conclusions du substitut du Procureur de la commune, le
conseil ordonne de mander Pennec, et d'amener Barat.

Le sieur Brégeon annonce, que samedi dernier, son sabre lui a été arraché par un homme grand, en veste grise; et qu'en cherchant à se le faire
rendre, il l'auroit infailliblement percé sans un jeune homme avec qui il
s'étoit trouvé de garde, et qui attesta de son civisme.

Le sieur Brago dit tenir du sieur Pierre Sabine, que deux maisons de
la ville devoient être rasées; et que ce dernier n'avoit osé le déclarer. Le
conseil mande le nommé Sabine.

Le sieur Lafilé dit avoir à déposer contre Maître Antoine.

Le sieur Barat, traduit devant le conseil, demande de quoi il est accusé:
Il est arrêté que l'on entendra, auparavant de lui répondre, le sieur
Pennec.

Le sieur Desforges dit avoir à déposer contre le sieur Dufort. Ouï le
Procureur de la commune, ordonne que cet accusé soit amené.

Le sieur Rivalain jeune dépose, que Maître Antoine a dit derrière lui, que
le sieur Gérard était un gueux; qu'il falloit le pendre.

Les sieurs Le Floch, Beysser, Andrieux, Labutte, Desforges, Bijotat et
Soullés déclarent avoir à déposer contre Jean-Marie Legal.

Le sieur Bregeon dépose que le Palfrenier de Madame Marsilly a assommé
de coups de bâton la malheureuse victime, et a dit que sous peu beaucoup
d'autres éprouveroient le même sort.

Après les conclusions du Procureur de la commune, ordre de le chercher.

Le sieur Sabine comparu, dit avoir entendu que les maisons des sieurs
Jouenne et St-Hilaire, connues pour servir de retraite aux Aristocrates, auroient
été rasées au premier tumulte.

A l'instant, sur l'observation que le nommé Rousseau, accusé, loge chez lui,
dès les premiers instans il auroit dû le faire arrêter, il reçoit l'ordre formel de
ne rien négliger pour cet objet.

Le sieur Ducert comparoit et sur ses réponses positives il est déclaré libre par
le conseil.

Le sieur Pennec, en exécution des ordres qu'il a reçus, se rend à l'assemblée et répond aux interpellations lui faites, qu'un homme, en paysan, âgé d'environ soixante ans, mais qu'il ne connoit pas, lui a dit qu'il venoit, avec ses compagnons pour avoir le prisonnier ; à quoi ils avoient été engagés par un nommé Barrat. Le dit sieur Pennec, reçoit l'ordre de chercher cet individu ; et pressentant que la ressemblance de nom avoit seule occasionné la comparution du sieur Barrat, commandant de bataillon, le conseil déclare ce dernier libre.

Le sieur Bruth dépose, qu'il a entendu, chez son cordonnier, un jeune homme dire avoir vu couper la tête au sieur Gérard, et même avoir couru des risques d'être blessé, en cherchant à s'approcher.

Le sieur Friché, après s'être déporté, dépose que le sieur Coutureau a dit : qu'étant à sa compagnie, devant la prison il vit le sieur Lacour exciter le bataillon de Kerentré, en disant qu'ils étoient des J... F... si avant la fin du jour, ils n'avoient pas la tête du sieur Gérard.

Le sieur Vaché déclare, qu'étant de garde chez les sieurs Lauchon, il a vu une femme ivre, précédant les malheureux qui portoient la tête du sieur Gérard s'arrêter devant sa maison, et les engager à la brûler : qu'elle n'avoit fini ses sollicitations, que sur les observations que lui fit le déclarant du tort que cet incendie auroit pu porter à un grand nombre de familles qui y avoient leur fortune : Il n'a pu la désigner par son nom ; mais il la croit porteuse d'eau et pense qu'elle demeure dans les environs de la Comédie.

Le conseil l'invite à employer tous les moyens possibles pour la connoitre.

Le sieur Coutureau, en confirmant ce que le sieur Fruché avoit annoncé, dit qu'étant devant la prison, il a vu le sieur Lacour dire que les gens de Kerentré étoient des J... F... si avant la fin du jour, ils n'avoient la tête du sieur Gérard.

La patrouille amène le nommé Roussin, arrêté faisant du bruit chez lui et troublant la tranquilité du voisinage.

Le conseil ordonne sa détention pour la nuit à la maison commune.

Le sieur Lavayse annonce au conseil que le sieur Jacotin avoit quelques connaissances des faits ; le conseil ordonne que ce dernier soit mandé.

Sur l'annonce que le nommé Le Duc, charretier, avoit été forcé de prêter sa voiture aux forcenés qui traînoient le cadavre de l'infortuné Gérard, l'assemblée, dans l'espérance de découvrir quelques complices par cette voie, ordonne qu'il soit mandé.

La garde, en exécution des ordres reçus, traduit devant le conseil le nommé Marchamach ; il avoue avoir joué du fifre sur la route de Kerentré : les sieurs Raoul, homme de loi, Jean-Marie Durand, demeurant rue de Bretagne, et chevalier, soldat, au quarante-unième régiment, compagnie de Vidillia, l'attestent aussi.

Le conseil, ouï les conclusions du Procureur de la commune, ordonne son envoi à la maison d'arrêt.

Le sieur Jacotin comparoit devant le conseil : il annonce que le sieur Liberge et son épouse ont dit que PhilippeFrançois s'étoit flatté d'avoir participé au massacre du sieur Gérard.

Le sieur Joubert dénonce la femme Goury pour l'avoir entendue, à la porte d'Hennebont, tenir des propos très incendiaires ; entre autres que l'on prenoit des précautions inutiles, et que le club n'empêcheroit pas que le sieur Gérard eut la tête coupée, et qu'il l'auroit.

Le sieur Jacotin ajoute avoir vu cette femme Goury, vendredi dernier, vis-à-vis chez le sieur Gérard, accompagnée de plusieurs autres femmes, engager les hommes à demander la tête du sieur Gérard, et avoir dit le lendemain, à l'épouse du dit dénonçant, qu'il étoit fort heureux d'avoir été connu d'elle, sans quoi il auroit passé un mauvais quart d'heure, et ce pour l'avoir engagée à un peu plus de modération, et lui avoir parlé de paix :

Le conseil, ouï le Procureur de la commune, ordonne qu'elle soit amenée.

Jean-Baptiste Tessier, tonnelier, déclare que Lenormand, apprentif, lui a dit avoir vu le nommé François Cordier tenir le dit sieur Gérard, lorsqu'on le conduisoit sur la place de la Fédération ; le conseil fait mander Lenormand.

Sur l'annonce que Yves Nédellec, qui avoit déposé samedi dernier à la municipalité, une bourse et deux assignats au dit sieur Gérard pouvoit donner quelques renseignements, l'assemblée ordonne qu'il soit mandé.

Le sieur Augustin Périer dénonce une femme qu'il signale par épaisse et un peu bourgeonnée, pour avoir proféré différentes fois, qu'on devoit enfoncer les portes de la prison et avoir M. Gérard mort ou vif: Elle est restée pendant une heure à l'angle de la maison de Madame Passy ; cette dernière a entendu ces mêmes propos d'une femme que le dit déclarant croit être la même.

La garde, en exécution d'ordres reçu, traduit devant le conseil la femme Goury ; l'assemblée, ouï le Procureur de la commune et ses conclusions, ordonne sa détention à la maison d'arrêt de l'hôtel commun.

Madame Lejeune dénonce que samedi dernier, vers onze heures du matin, étant au marché lors de l'arrivée du sieur Gérard en ville, plusieurs crièrent que c'étoit un aristocrate, et qu'enfin on en tenoit un: qu'entre autre la femme Robinot dit, près de la boutique de Marianne: Enfin nous tenons un aristocrate ; nous aurons sa tête et bien d'autres après ; et annonçant la parole à la dénonçante: Votre J... f... de mari a des fusils dans son bureau, mais nous passerons pas-là ; ajoute que tous ces propos étoient accompagnés de gestes furieux et menaçans.

Mathurin-François Sélieu, demeurant rue de Beaumont, n° 14 appuie cette dénonciation, en disant avoir vu cette même femme Robinot, courant furieuse dans les rangs devant la prison, un quart d'heure avant le massacre ; déclare que la distance et le bruit ne lui ont pas permis d'entendre ses propos ; mais que ses gestes annonçoient qu'elle étoit très en colère et excitoit le peuple, aidée d'autres femmes.

Le conseil ouï le Procureur de la commune, ordonne que la femme Robinot soit amenée.

André Normand, demeurant rue de la Fédération, en exécution de l'ordre qu'il a eu de comparoître, dénonce qu'étant sur un toit de latrines, qui donne sur la cour de la prison, il a vu beaucoup de monde y entrer ; mais qu'il n'a reconnu que le nommé Michel Herviant ; que sorti dans la rue de l'église , il n'avoit point eu le courage de suivre M. Gérard, que l'on menoit sur la place ; il ajoute qu'il était accompagné de Jean-Marie Le Sage, demeurant chez son père, place de la Fédération ! Charles Buguel demeurant à la même place maison Lorin ; René Le Bihan, même place, maison Segain ! et qu'il a entendu dire, par la multitude, que le nommé François, tileur, avoit maltraité M. Gérard.

La garde ayant traduit la femme Robinot devant le conseil, Guillaume Proteau, dépose qu'étant samedi, près de la maison de Laplume, tailleur, il l'a entendu, environ les midi et demie, dire : Il faut que nous ayons la tête de celui-là ; elle a tenu aussi quelques propos contre Madame Saxe.

Le sieur Beysser dénonce que samedi, environ une heure, il a entendu cette même Robinot dire : Nous aurons la tête de celui-là et douze autres après, et nous leur ferons danser les marionettes ; elle ajouta, en montrant le sieur Beysser, qu'il avoit reçu de l'argent pour faire évader ledit sieur Gérard.

Paul Joseph Rich, dépose aussi qu'étant sous les armes, environ midi et demi, il a entendu cette même femme tenir les propos les plus meurtriers.

Le sieur Bigot se porte dénonciateur, en disant que samedi dernier, étant du piquet de dragons en bataille au bas de la rue St-Pierre, il a vu cette même Robinot, depuis environ midi et demi jusqu'à quatre heures, passer à différentes reprises, ses poings sur ses côtés, et disant hautement: Nous aurons la tête de ce Gérard, dussé-je l'assassiner moi-même ; elle a aussi accablé d'investiges le piquet de dragons, en leur disant qu'ils n'attendoient que l'instant d'enlever le dit sieur Gérard ; et elle cherchoit à animer toutes les femmes de la même rage. Ouï le Procureur de la commune en ses conclusions ordonne son envoi au magasin servant provisoirement de maison d'arrêt à l'hôtel commun.

Le Conseil donne ensuite l'ordre de mander le sieur Dubourg.

La dame Jorne ayant été traduite devant le conseil, MM. Jean-Louis Lelary, Hyacinthe Deschiens, Jean-Marie Chedeville, Alexis Cordon, après s'être déportés de la délibération pour l'instant, ont déclaré conjointement avec le sieur Beysser, avoir à déposer contre cette femme ; ouï le Procureur de la commune en ses conclusions, l'assemblée ordonne l'envoi de cette femme à la maison d'arrêt de l'hôtel commun.

Yves Nedelec, traduit par la garde, avoue avoir fouillé le sieur Gérard devant la porte de l'hôtel commun, après l'avoir traîné depuis la place de la Fédération : il reconnoît la bourse, la clef et les deux assignats qu'il a déposés à la Municipalité.

Augustin Hurpy et Thurian-Levau annoncent avoir à déposer contre lui :

Le conseil, ouï le Procureur de la commune en ses conclusions, ordonne son envoi à la maison d'arrêt.

Le nommé Philippe-François, cordier, traduit par la garde, est d'après les conclusions du Procureur de la commune, envoyé à la maison d'arrêt.

Henri Leclerge, caporal au quarante-unième régiment, compagnie Duviella, de garde dans l'intérieur des prisons, lors du bris des portes, accuse un petit cordonnier plaçant ordinairement sa boutique près la grande porte du Port, d'être le second des forcenés qui se sont introduits dans la prison : de lui avoir paru un des plus acharnés, et l'avoir vu traîner M. Gérard par les cheveux, en le frappant de sa bayonnette ; ajoute qu'un autre petit homme disoit que pour faire souffrir davantage ce malheureux citoyen, et lui faire avouer ses associés, il falloit le pendre par sous les bras ; lui mettre une lumière dans la bouche et une autre au derrière.

Sur les conclusions du Procureur de la commune, le conseil donne l'ordre d'amener ce cordonnier, que l'on dit s'appeler Corentin Le Blanc.

Le même dénonce ensuite une femme, tenant cabaret dans la rue Faouédic ; deux portes au-dessous de la maison du sieur Dodun, pour l'avoir entendue dire : Qu'on me l'amène, Gérard, moi-même je lui ferai son affaire.

La garde ayant amené Corentin Le Blanc, Jean Delafaverie, soldat au quarante-et-unième régiment, de garde en prison lors du bris des portes, dépose que samedi 15 du courant, il l'a vu en prison monter le second pour chercher M. Gérard ; qu'il l'a fait descendre de force et lui a donné beaucoup de coups de bayonnette :

Sur les conclusions du Procureur de la commune, le conseil ordonne l'envoi de ce cruel à la maison d'arrêt.

François-Marie Hedon, tailleur de la comédie, dénonce qu'à l'instant de l'arrivée de M. Gérard en ville, il a entendu le nommé Morin, serrurier, rue Vilvaut, dire à un des citoyens qui l'escortoient : Qu'il étoit un lâche, s'il défendoit ce b.... là ; qu'il falloit le lanterner : sur les réponses de ce citoyen armé, Morin lui répliqua que s'ils étoient à quelques pas plus loin, il le feroit penser différemment :

Ouï le substitut du Procureur de la commune en ses conclusions, l'ordre d'amener est prononcé.

Jean Delafaverie, du quarante-unième régiment de Dupatt, dénonce que samedi dernier, le cadavre étant revenu devant la prison, on lui fit faire trois sauts pour la Nation : que lui, dénonçant, ayant observé à Antoine, syndic des classes, que c'étoit une horreur, ledit Antoine répondit : que voulez-vous, il faut bien des exemples.

Henri Leclerge, caporal au dit régiment, dénonce qu'Antoine s'étant introduit dans la prison à la faveur d'un billet de la Municipalité comme commissaire, il avoit dit à la garde, au nom du Conseil général, de point faire de résistance à la force, et de laisser enlever M. Gérard ; ledit Leclerge reconnoît sur le bureau le billet en vertu duquel ledit Antoine s'étoit fait ouvrir la porte de la prison.

La garde traduit devant le conseil le nommé Morin ; le Procureur de la commune ouï en ses conclusions, le conseil fait prononcer l'envoi de cet instigateur à la maison d'arrêt.

La suspension prononcée à deux heures et demie du matin, met fin à cette séance affligeante et douloureuse.

Fait et arrêté les dits jour et an que dessus. Le régistre dûment signé. Copie certifiée conforme. — Pour le secrétaire-greffier — ROUSSEAUX.

De leur côté (1) les administrateurs du département ne restaient pas inactifs. Dès le 16, l'assassinat de Gérard leur avait été signalé par la municipalité de l'Orient, et par Esnoul, président du département, qui, prévenu à Auray, s'était empressé de se rendre à l'Orient, où nous le trouvons le 17, au nombre des personnes assistant à la séance du Conseil général de la commune. Aussitôt, ils adressent aux députés du Morbihan à la Convention nationale la lettre suivante : (2)

« ... Un meurtre affreux a eu lieu à l'Orient. M. Gérard, négociant qui nous paroit convaincu d'avoir embarqué des fusils dont on porte le nombre de 1200 à 1500 à plus et à moins fut massacré samedy dernier par le peuple, en présence de 4000 hommes armés. La loi martiale ne fut point proclamée, nous n'avons point de détails sur cette affaire, car la municipalité de l'Orient ne nous a annoncé que le fait. Quelle anarchie ! MM., à moins d'une grande et salutaire mesure de la part de la Convention nationale à son début, la France ne peut devenir qu'un vaste tombeau, un théâtre d'horreur. Vous avez l'honneur, MM., d'être membres de cette auguste Convention. Faites entendre le langage de la vérité; faites connaitre les dangers dont l'anarchie menace l'empire, vous aurez rempli le plus saint des devoirs, et vous aurez comblé nos vœux. »

Les Administrateurs, etc., etc.

Le même jour, le Directoire du département, ayant appris par la lettre d'Esnoul qu'un « citoyen de cette ville », le sieur Bourgeois, devait être en relations d'affaires avec le malheureux Gérard, chargeoit (3) deux de ses membres, MM. Faverot et Lucas, de descendre chez M. Bourgeois et de procéder à l'inventaire de ses papiers. Le procès-verbal, déposé le lendemain au Directoire, fut transmis le 18 à la municipalité de l'Orient :

« ... Nous avons appris, MM., avec douleur, écrivaient les administrateurs, (1 bis) le cruel événement dont vous nous instruisez par votre lettre du 16 de ce mois; nous vous plaignons d'avoir été les témoins de cette triste scène et nous sommes ainsi que vous vivement affectés de ce que les soins et le zèle que vous avez portés pour calmer l'agitation du peuple n'aient produit l'heureux succès que vous aviez droit d'en attendre. Nous nous flattons, MM., que vos concitoyens qui jusqu'à présent vous avoient témoigné la plus grande confiance auront enfin

---

(1) — Nous écrit M. Macé, rédacteur en chef du *Petit Breton*, à Vannes, auquel nous devons tous les documents qui vont suivre.

(1 bis) — Lettre à la municipalité de l'Orient, 18 septembre 1792. *Correspondance du département* 1792 — t. II — F° 135 — R°.

(2) — *Correspondance du département* — 1792 t. II F° 127. Cette lettre ne porte pas de date: mais elle est inscrite au registre entre deux lettres portant la date du 15 : la réponse adressée à Esnoul porte la date du 16 comme la lettre du président du département.

(3) — Séance du 16 septembre 1792 où étoient MM. Bigarré, Faverot, Le Goasbe, Lucas, Danet Bosquet administrateurs, et Gaillard, procureur général syndic.
Séance du 17 septembre.
(Registre des délibérations et arrêtés du directoire du département du Morbihan, année 1792.

cédé à vos instantes représentations et à l'empire de la loi, et que vous serez parvenu à rétablir la tranquilité. Nous attendons, MM., de votre activité que vous nous informerez fréquemment de la situation de votre ville. Nous avons adressé copie de votre lettre à l'Asssemblée nationale et au ministre (1) et nous l'instruirons exactement des nouveaux détails que vous voudrez bien nous donner... »

Les Administrateurs demandent au district d'Hennebont de réclamer à la Municipalité de l'Orient pour le département une copie du procès-verbal qu'elle a dû dresser. Ils recommandent à la municipalité de faire faire bonne garde « des armes qui ont été saisies.

« ... parce qu'il est probable que lorsque nous aurons rendu compte au Ministre de la guerre de la quantité qu'on nous dit considérable, ils donnera des ordres pour les faire transporter à l'armée » (2).

Quelques jours après, en faisant connaître au Conseil général de la commune de l'Orient qu'ils s'associent à la demande de translation du tribunal criminel de Vannes à l'Orient pour l'instruction de l'affaire; ils réclament de nouveau la copie du procès-verbal et l'état des armes saisies (3). Enfin le dossier est complet : les documents fournis par la municipalité de l'Orient établissent que les fusils, cause ou prétexte de la scène sanglante du 15 septembre sont « pour le plus grand nombre des fusils de pacotilles, et non des fusils d'ordonnance » (4). Les administrateurs transmettent les pièces aux députés du Morbihan à la Convention nationale :

« Nous vous adressons, citoyens, un procès-verbal des officiers municipaux de la ville de l'Orient qui vous instruira d'une scène sanglante dont cette ville a été témoin. Vous gémirez, ainsi que nous, de l'attentat commis contre la loi et l'humanité, et vous sentirez la nécessité d'en punir les auteurs.

« La procédure s'instruit contre ses scélérats et sous peu de jours l'affaire peut être portée au tribunal criminel.

» Ce tribunal comme vous le savez est établi à Vannes et les circonstances exigeront impérieusement que les juges et les jurés se transportent à l'Orient pour décider sur cette affaire nécessairement très compliquée vu le grand nombre d'assassins et la quantité de témoins qu'on sera obligé d'entendre.

« Si cette malheureuse affaire est jugée à Vannes, elle entrainera des longueurs qui deviendraient dangereuses dans le moment actuel et des frais énormes ; la conduite des prisonniers de l'Orient à Vannes, quelques précautions que l'on prenne, pourrait exciter une grande fermentation tant dans la ville de l'Orient que dans différents lieux de leurs passages. On parerait à tous ces inconvéniens en déplaçant le tribunal pour le jugement. Comme ce déplacement ne peut avoir lieu sans un décret de la Convention Nationale, nous vous prions, en vous envoyant ces notes, au nom du Conseil général de la commune de l'Orient, qui nous a fait connaître ses intentions à ce sujet par la lettre dont copie est ici jointe, de solli-

---

(1) — Lettre à M. Rolland, ministre de l'intérieur, du 18 septembre 1792 — *Correspondance du département*, 1792. t II — F° 135 — R°.

(2) — *Correspondance du département* 1792 t.II — F° 135 V° 134 R°. Lettre au district d'Hennebont, 20 septembre 1792.

(3) — Idem. — F° 135, R°. Lettre à MM. du Conseil général de la commune de l'Orient, 24 septembre 1792.

(4) — Idem. — F° 137, R°. Lettre au Ministre de la guerre, 20 septembre 1792.

citer un décret qui ordonne au tribunal criminel de ce département de se rendre à l'Orient pour le jugement de notre affaire. La présence des juges intimidera les malveillants et fera rentrer en lui-même le peuple qui a été égaré par des scélérats.

« D'ailleurs plus la punition sera prompte, plus elle produira d'effet.

« Nous comptons, chers concitoyens, sur votre zèle ordinaire et nous sommes persuadés que vous mettrez la plus grande activité pour le succès de notre demande. » (1)

Mais déjà des efforts étaient faits à Paris pour entraver les poursuites. Nous trouvons la trace de cette tentative dans une lettre inédite de Gillet, adressée le 20 octobre, aux administrateurs du Morbihan.

« ...On m'a appris qu'une députation est ici pour solliciter une amnistie en faveur des coupables. Quelques citoyens de Lorient avaient déjà écrit pour cet objet à un député du Finistère, et les députés des deux départements se sont assemblés ce matin pour savoir si l'on solliciterait cette amnistie. On s'est décidé pour la négative. Il nous a paru que cette demande pour un cas particulier serait une exception à la loi et par conséquent une injustice. Que si on voulait généraliser la demande il y aurait de plus grands inconvénients encore : ce serait prononcer l'impunité d'une foule de conspirateurs et de scélérats, qui ont violé tous les droits, et les mettre dans le cas de commettre de nouveaux crimes. Nous avons donc pensé qu'on ne devait pas interrompre le cours ordinaire de la justice, puisque d'ailleurs, si le cas est excusable, les jurés peuvent eux-mêmes acquitter les accusés.

« Le mémoire que vous m'annoncez a un objet tout différent et nous ferons ce qui dépendra de nous pour le faire réussir. Cependant il est douteux encore que l'Assemblée veuille l'adopter. Ce serait préjuger la question de l'ambulance des tribunaux avant qu'elle eût été combinée avec le nouveau système judiciaire. Je prévois ici l'objection qu'on pourra nous faire ; je doute qu'elle ne fasse pas impression... »

GILLET.

Comme on le voit par cette enquête, des poursuites furent commencées ; les citoyens, les citoyennes, les clubistes eux-mêmes repoussaient la responsabilité de cet acte odieux, ainsi que l'on en pourra juger par les pièces qui se trouvent à l'appendice de ce travail.

Mais les poursuites furent subitement arrêtées.

« La Convention, dit M. Laurens (2), venait de remplacer la Législative ; la Con-« vention où déjà dominait la Commune de Paris ; les meurtriers de Gérard « furent absous avec les massacreurs de septembre. »

Tel est le récit fidèle du crime abominable qui ensanglanta les rues de Lorient dans la journée du 14 septembre 1792.

Voir, du reste, à l'*Appendice* l'extrait du procès-verbal de la Convention nationale du jeudi 4 octobre 1792, sous la présidence de Jérome Pétion.

---

(1) — *Correspondance du département*, 1792 F°. 137 V. 138. R°. Lettre aux députés (du Morbihan) à la Convention, Paris, 29 septembre 1792.

(2) Bretagne républicaine, p. 150.

APPENDICE

PIÈCES JUSTIFICATIVES

PIÉCE I

Convention Nationale

Séance du Jeudi 4 Octobre 1792

Présidence de Jérome PÉTION

Extrait de la Séance

LE QUINIO. — Un événement désastreux a eu lieu dans la ville de L'Orient, le 15 de ce mois. Gérard négociant embarquait plusieurs caisses sous le titre de *Mouchettes et Quicaillerie*. La forme des caisses avait donné lieu à des soupçons ; elles ont été transportées à la Municipalité, et ouvertes ; elles ne renfermaient autre chose que des fusils. Cette infraction à la loi, et la fausse déclaration ont irrité le peuple, et Gérard a été victime de son délit, plus répréhensible encore que jamais, dans les circonstances actuelles. La Municipalité de L'Orient, qui aurait dû prévenir ce facheux événement, a cru devoir punir. Beaucoup de personnes sont emprisonnées, et beaucoup encore le seront, puisque c'est l'effet d'une émeute populaire générale dans cette ville. Un nombre très considérable de témoins doit être entendu dans l'instruction, qui deviendrait d'autant plus onéreuse au trésor national, que le tribunal criminel est séant à Vannes.

Le Directoire en demande la translation dans la ville de L'Orient. La députation du Morbihan s'est assemblée pour l'examen de cette affaire ; elle y a reconnu l'un des désastres attachés à la révolution nouvelle, et l'on doit le dire provoqué par la prévarication du négociant Gérard.

En conséquence, au nom de la députation du Morbihan, je vous propose de suspendre l'instruction de cette malheureuse affaire, jusqu'après le rapport que le Comité de sureté générale de la Convention est chargé de vous faire sur tous les évènements de cette nature, relatifs à la révolution, qui ont pu avoir lieu depuis le 10 août (*on applaudit*).

THURIOT. — J'observe à la Convention que l'indulgence nationale ne doit pas se porter sur les uns plutôt que sur les autres. Je demande donc que cette disposition soit étendue à toutes les affaires relatives à la Révolution ; ou plutôt je demande le renvoi au Comité de législation, pour en faire son rapport demain.

Cette proposition est décrétée.

PIÈCE II

A la suite de ce rapport les amis de la Liberté et de l'Égalité écrivirent à la date du 11 octobre 1792 au président de la Convention Nationale, la lettre suivante :

« Législateurs,

« Nous lisons les papiers publics, et nous y voyons avec indignation le rapport que le citoyen Lequinio vous fait de la malheureuse affaire du citoyen Gérard. Nos cœurs, navrés de son massacre, sont bien douloureusement affectés de trouver ce rapport faux dans toutes ses parties. Comment se fait-il que les procès-verbaux qui ont été adressés à la députation du Morbihan, ne lui soient pas parvenus ? Comment se fait-il, si elle les a reçus que le citoyen Le Quinio, qui dit parler en son nom, ne vous les ait pas communiqués ? Enfin, comment se peut-il que l'on vous présente cet événement sous le même point de vue que ceux qui ont eu lieu depuis le 10 août ? »

« Législateurs, le tems ne nous permet pas en ce moment de vous renvoyer de nouveaux procès-verbaux ; mais, de grâce, suspendez votre jugement jusqu'à ce qu'ils vous soient parvenus. »

» Signé : Le Président et le Secrétaire. »

« P. S. Nous vous faisons passer quelques imprimés relatifs à cette affaire. »

« Certifié véritable par nous députés du Conseil général de la Commune de L'Orient. A Paris le 17 octobre 1792.

« Cosson, Pachelberg, Godin, Deschiens, J. Garnier. »

PIÈCE III

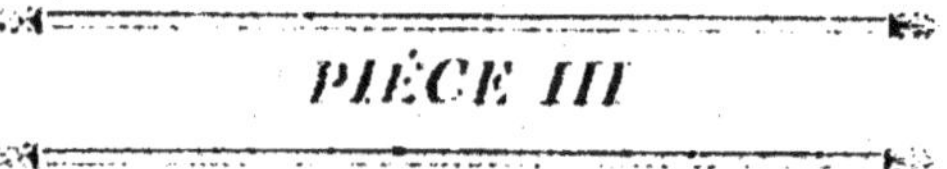

Réponse à la lettre ci-dessus

La députation du Morbihan, sur la lecture de la lettre du Directoire du département du Morbihan, à laqu'elle était joint le procès-verbal de la Municipalité de L'Orient qui lui fut adressé par le Directoire de ce département, jugea à propos de demander la suspension provisoire de la procédure relative à l'affaire malheureuse de l'infortuné Gérard, jusqu'après le rapport général que le Comité de surveillance est chargé de faire sur toutes les affaires relatives à la Révolution, qui ont eu lieu, dans toute l'étendue de la République, depuis le dix août, et chargea Lequinio d'en faire le rapport ; et cette délibération fut prise surtout d'après la demande de la translation du tribunal criminel du département, sur laquelle il étoit impossible de prononcer à moins d'un décret préalable de suspension.

Fait en assemblée de la députation du Morbihan, le 20 octobre de l'an premier de la République.

Signé : Lemaillaud, Rouault, Gillet, Lequinio, Lehardi, Corbel ; (1) comme ayant été d'un avis contraire, Michel (2)

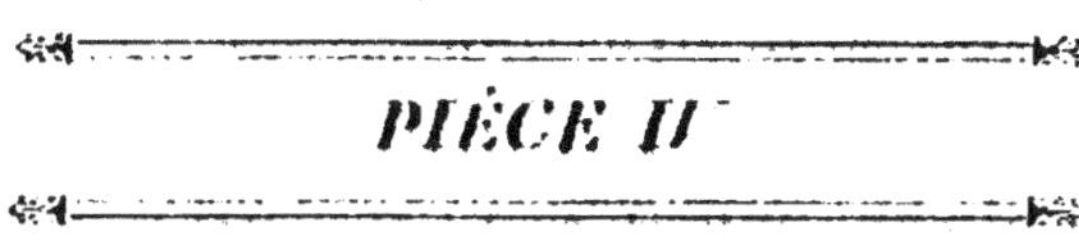

PIÈCE II

Nous soussignés, nous étant trouvés auprès de la salle d'assemblée, le jour que les citoyens, députés du département du Morbihan, prirent la délibération ci-dessus ; et ayant témoigné à Lequinio le désir d'avoir l'entrée, il l'obtint pour nous, et nous fûmes témoins de l'arrêté verbal qui y fut pris, sans avoir été témoins que le citoyen Michel ait été d'un avis contraire à celui de ses collègues.

Le 29 octobre 1792, l'an premier de la République.

Signés Mouquet et Jacque Bezardais.

Pour copie conforme à l'original, resté dans mes mains.

LEQUINIO.

J'atteste en outre qu'aucun de nos collègues ne se souvient d'avoir entendu le citoyen Michel, député de L'Orient, énoncer un avis contraire, lors de la délibération ; avis au surplus, qui n'aurait pu empêcher la majorité des suffrages de six contre un ; mais j'atteste qu'il est absolument faux que le sieur Michel ait montré cette contrariété d'avis ; et il le savait si peu, que ce matin, devant les citoyens Lemaillaud, Gillet et Rouaut, il a prétendu d'abord n'avoir point assisté à la délibération qui m'avoit chargé du rapport : qu'il s'en est souvenu que lorsque je lui ai rappellé la plupart des circonstances de notre première délibération.

La cause dont il s'agit est celle des riches contre les pauvres, c'est-à-dire, celle de l'aristocratie d'argent contre ce qu'on appelait jadis la canaille. Un homme cupide et imprudent jusqu'au dernier excès a embarqué des fusils à L'Orient sous fausse déclaration de clincailleries, le 15 septembre, tems auquel on venait à peine d'apprendre les massacres de Paris et de Versailles ; le peuple irrité, qui a vu dans cet homme un conspirateur, lui a tranché la tête en présence de deux mille hommes armés au moins. L'indignation était générale ; et quoique ce soit un crime, il n'en est certainement aucun qui mérite plus que celui-là le nom de crime relatif à la révolution ; malheureusement pour le peuple, le commerçant Gérard était l'homme le plus riche de L'Orient, et les riches ne pardonnent jamais aux pauvres. La Municipalité de L'Orient, qui auroit pu prévenir cet accident peut-être, a mis un grand zèle à le poursuivre : (3)

---

(1) Lemaillaud était de Locminé, Rouault, de Ploërmel, Gillet, de Rochefort-en-terre, Lequinio de Sarzeau, Lehardi, de Dinan, et Corbel, de Baud. (Note de M. Loepéran de Kerriver.)

(2) Le député de Lorient, Guillaume Michel, ancien président du comité permanent de 1789, puis officier municipal et secrétaire de la mairie de Lorient, était né en 1755 en St-Martin-des-Champs, (Seine-et-Oise) et mourut percepteur des finances à Lorient le 11 juin 1811. Dans le procès de Louis XVI il vota, avec la droite, pour la réclusion pendant la guerre et le banissement à la paix.

Il avait épousé à Plemeur, en 1777, Marie Perrine Rousseau de la Valinière.

C'est l'aïeul des *Michel* de St-Malo, de *Bias* de Bayonne, des *Bouchant* de Lorient et des *Meitret de Varenne*, de Rochefort-en-terre. (Note de M. Loepéran de Kerriver.)

(3) Voyez à l'appendice la pétition des dames de Lorient : elle justifie pleinement la municipalité. Tous les Lorientais avaient horreur de ce crime.

Elle a tellement eu peur que l'Assemblée ne vînt à prononcer la suspension, qu'aussitôt qu'elle a eu connoissance de mon rapport, par les papiers publics, elle a dépêché cinq députés pour demander la question préalable sur cette proposition de suspension provisoire, dont mes collègues m'avaient chargé.

Tous les principaux commerçans qui antérieurement et depuis long-temps s'absentaient de la société de la liberté et de l'égalité, ci-devant de la constitution s'y sont portés avec ardeur, afin de la mettre dans leurs intérêts, et voilà ce qu'à produit la lettre que l'on voit plus haut, les poursuites et les menaces ont été telles, que plusieurs citoyens de L'Orient me mandent qu'ils n'osent pas m'écrire de cette affaire : et les uns vont jusqu'à faire passer par des exprès leurs lettres au bureau de poste d'Hennebont qui en est à deux lieues, pour qu'elles ne soient pas interceptées.

Plusieurs lettres que l'un de mes amis et moi avons écrites dans cette ville depuis cette affaire, ne sont point parvenues. Le citoyen Sauvée, que je ne connais pas, mais qui me semble être un d'entre les honnêtes gens, m'écrit une lettre pleine de passion, et qui respire la vengeance et la haine contre le patriote Mouquet qui a bien voulu se faire à Paris le défenseur des citoyens égarés et arrêtés à un nombre prodigieux. Nous recevons beaucoup de lettres qui, venant à l'appui de celle du citoyen Sauvée, assurent que le citoyen Mouquet (1), défenseur des malheureux, doit perdre la tête s'il retourne à l'Orient ; et il n'y a sans doute pas à douter que l'aristocratie des richesses ne tienne parole.

En un mot j'ai mille preuves de l'acharnement apporté dans cette affaire qui n'eut été rien si ce n'avait été qu'un homme de la canaille qui eut péri : mais il n'en faut qu'une, c'est l'envoi des députés auprès de la convention pour empêcher la suspension des poursuites de cette malheureuse affaire.

On a vu souvent faire cent lieues pour faire éclater l'innocence des accusés ou demander la grâce des coupables ; mais on n'avait point encore vu faire cent lieues pour presser le jugement et la mort des malheureux, et surtout dans une affaire aussi directement relative à la Révolution. C'est une infamie qui répugne à l'homme sensible et à l'être pensant, et qui ne peut convenir qu'à l'orgueil aristocratique de la fortune.

LEQUINIO, député du Morbihan, membre de la Convention,

(1 Voici comment l'auteur anonyme de la *gigantofie obinomachie* apprécie le dévouement de MOUQUET, dans la circonstance :

Négociant à l'Orient, dénoncé injustement par un nommé Lacour, commis de cambuse, qui n'oublia rien pour irriter la populace contre son bienfaiteur, Gérard fut livré par Beysser et P... et massacré en présence de 500 hommes armés qui restent inactifs, sous les ordres de ces deux fameux commandans. Les coupables principaux arrêtés et l'instruction de l'affaire commencée, le bienfaisant Mouquet fut à Paris avec l'argent de Lacour, et réussit à faire relâcher les coupables et leur obtenir même une gratification.

> Amis, je veux que tous d'accord
> Dit *Ollicier* sur ce rapport,
> Duquesnel ait une couronne
> Aussi civique qu'or la donne
> Et que Mouquet, à son instar,
> Pour avoir prouvé que Gérard
> Avoit péri pour bonne cause,
> Soit couronné aussi, et j'ose, etc.

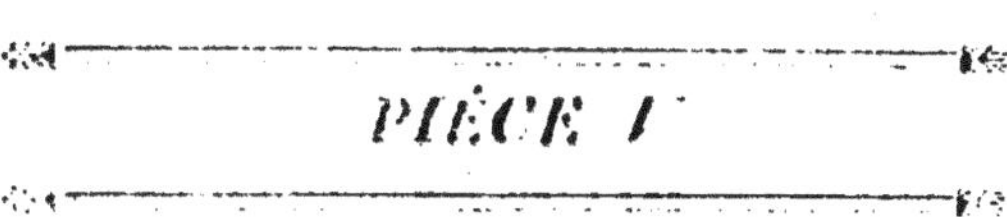

PIÈCE I

Lettre aux Sociétés de Nantes, Rennes et Brest

12 octobre 1792.

Frères et amis,

Nous apprenons que des agitateurs, des ennemis du bien public sous le nom d'amis de la liberté et de l'égalité nous ont représenté le citoyen Gérard comme coupable du crime de lèze nation et ayant suby le juste châtiment dû à son forfait.

Frères et amis, c'est une imposture atroce qui n'a pu être inventée que par des instigateurs de ce meurtre. Il est mort innocent. Sur des soupçons, il fut mis sous la sauvegarde des loix ; mais des brigands, des furieux sans vouloir entendre sa justification l'en arrachèrent, et après l'avoir mis en pièce promenèrent en triomphe ses tristes restes ; ces mêmes calomniateurs vous on dit encore que notre société était dissoute ; nouvelle imposture, elle n'a jamais été plus en vigueur ; nous venons tous de prendre l'engagement de combattre les factieux de quelque parti qu'ils fussent et de mourir pour l'exécution des loix. Mais comme vous avez juré ainsi que nous de démasquer les traîtres, nous aimons à croire que vous ne tarderez pas à nous les faire connoître en nous faisant passer la lettre qu'ils vous ont adressés comme amis de la liberté et de l'égalité.

La sureté générale et individuelle, l'honneur de notre ville et notre société l'exige impérieusement. Vous n'êtes pas les seuls que ces criminels instigateurs du désordre aient enduits en une si cruelle erreur. Rennes, Nantes, Paris, Brest, le ministre de l'intérieur ont tous reçus les mêmes délations contre nous. Nous vous faisons passer la copie et la lettre du ministre de l'intérieur à notre département et de la réponse à ce même ministre de notre municipalité revêtue de 3 milles signatures ; elle suffiroit pour faire triompher notre civisme et notre innocence et toutes les odieuses inculpations lancées contre elle. Mais pour rendre notre justification plus complète, nous attendons que le procès-verbal des événements malheureux passés dans les journées du 11 et du 15 soient sortis de la presse pour vous en faire passer un exemplaire ; un récit précipité et sans détail vous auroit laissé ignorer une foule d'atrocités qui rendoient méconnoieux les fauteurs et instigateurs d'un tel forfait.

Croyez frères et amis que les citoyens de Lorient dont l'ardent patriotisme a toujours été en croissant depuis la révolution, dont la sagesse a servi d'exemple à tous les départements et qui se sont toujours montré de chauds amans de la République, ne dévieront jamais de leurs principes et mourront jusqu'au dernier pour les soutenir.

Les Présidents et membres de correspondance et de la société des amis de la liberté et de l'égalité séant à Lorient.

PIÈCE VI

Lorient, le 26 septembre 1792, l'an 4e de la liberté (1)
Le premier de la République française.

Citoyens,

Les citoyennes de L'Orient, glorieuses de ce titre, s'en honoraient jusqu'à ce jour.

De vils dénonciateurs ont osé calomnier auprès de vous nos maris, nos enfants ; ils n'ont pas eu honte de dire que tout ce qui étoit patriote étoit l'objet de leur haine et de leur persécution. Quoi parce que fidèles à leur serment ils poursuivent les auteurs de l'assassinat commis envers la personne du citoyen Gérard, parcequ'ils demandent que la loi prononce sur le sort des instigateurs de la fatale journée du 15 septembre dernier, ils perdent dans un instant le bonheur d'avoir bien servi la patrie ! Nous ne vous rappellerons pas que trois cent quelques mille livres de don patriotique ont été payés par notre cité : nous ne vous dirons pas que les contributions de 91 ont été acquittées; nous ne vous dirons pas que nos maris, nos enfants, si malicieusement calomniés, sont maintenant dans les différents districts de notre département, pour faire respecter la loi et payer les impositions. Nous ne leur en faisons pas mérite, ils n'ont fait qu'obéir aux serments qu'ils ont jurés de maintenir la liberté et l'égalité, la sureté des personnes et des propriétés et de mourir pour l'exécution de la loi. Citoyens, lorsque vous aurez pris communication de la lettre à vous adressée ce jour par nos magistrats, laquelle nous approuvons dans tout son contenu en ayant connoissance quoi qu'elle ne soit pas revêtu de nos signatures ; lorsque vous aurez également pris communication du procès-verbal que notre Municipalité vous fait parvenir relativement à la malheureuse affaire du citoyen Gérard.

Nous espérons d'après cela que vous ne balancerez pas à rendre la justice que doivent attendre nos magistrats et tous les citoyens amis de la loi.

Signée : F. Evanno. — Pépin. — F. Ric Autheaume. — A. Duquesnel. — F. Duquesnel. — Bury. — F. Elary — Yque. — C. Michaud. — Oudit Bigotière.

Femme du citoyen Colin. — Duquesnel. — Marais. — M. — Marais. — J. Maheuhatlais. — Chaulard. — Le Guével. — Vve. Robic. — Vve Cordé. — Gomaire.

Bailly. — La Froment. — Conseil fille. — Le Reguer. — Dergoloug. — Lucas. — Le Reguer. — D'oigny. — Toulmouche. — Patras.

Bogan. — citoyenne Conseil mère. — Lejeune. — citoyenne Dusaulchoy. — Fonclere. — F. Potitété nègre. — F. Dubois, citoyenne. — citoyenne Drouault. — J. Bouchant. — citoyenne Dubois fille Le Sellier.

Vve Carré. — citoyennes N. et S. Carré. — Duquesnel mère. — Maillet aîné. — citoyenne Agate (sic) Tors. — citoyenne Caronnay. — Moisant Rafahéle (si). — fame (sic) Dumieu. — citoyen Roysard — Le Gvorl citoyenne.

Citoyenne Duhamel. — Fichoux. — F. Cheniau. — citoyenne Raoule. — citoyen Le Dilly. — Sitounne (sic) Maillet jeune. — citoyenne Penard. — citoyenne Olivier. — Cylo. — citoyenne Sionnet.

Citoyenne Loyzillon. — citoyenne Giraux. — citoyenne Dupray. — citoyenne Cordon. — citoyenne Coiffar. — citoyenne Vve Borne Binet. — citoyenne Bellalain. — citoyenne Burbau. — citoyenne Sabatery. — citoyenne Vve Boissière.

(1. — Archives de la ville de Lorient, liasse No 1, série P., 30, 11e pièce.

Citoyenne Parmelée. — citoyenne Lemaistre. — citoyenne Aubert. — citoyenne Audibert. — citoyenne Lépine, — Villemain. — citoyenne Pontois. — citoyenne Goie. — citoyenne L'épune. — Rolland Martin. — f. Gougeard Allain.

Kerpen. — Touboulie. — Le Goff femme Joubert. — Havand Vve Vrénière. — Duppont. — Boy ainé. — Lacroix Herpin. — Le Mesle. — Bescour. — Bertique Thoresno. — Soliman.

Monplé l'ainée. — Monplé. — Dubois ainé. — Monplé cadette. — Guilbaud. — Vve Voix. — femme Codesq. — citoyenne Poinchaud. — citoyenne Boissière la jeune veuve Le Faine.

Citoyenne J. Corlou. — Muvren, citoyenne. — A. J. Ollivier fille. — citoyenne Bertou. — Sictorienne (sic) Estienne. — citoyenne Bertou. — citoyenne Huchet la jeune. — Pour moi et ma famille, Maucel Monistrol directrice des postes — Nours. — Lecointe.

Basire citoyenne — Delaye. — Bonamy. — Delacour. — Jaume. — Gaynée Grivart — citoyenne Lelubois. — Galabert. — citoyenne Marie

Joséphe Aellangé. — Kelemendotr — Collét Bichard — Elizabet-Richard (sic). — Vellamet. — citoyenne Laurence Personnie, - f, Fontau.

Citoyenne Macauliff. — Personnie femme Esmoul citoyenne. — citoyenne Gournet le jeune. — Durule. — M. Bihant. — citoyenne Despus. — Comdand. — Désormeaux. — Le Breton Dusault.

Dusault. — Chaumat Macors. — Pelagie Boyle. — S. J. Roche. — Vve Dewette. — Segondat. — Aimée Roche.

Clarrée Roche. J C. Giequiseid. = Pour ma femme F. Carié. — Montalant. — Janot Morvan. — Bihouti. — Vve Racord. — Le Roy. — Dufais. — Seros. — Lebeau. — V. Le Breton.

Dusaulchoy. Renaud — La Jannaynée. (sic) — Dusauschoiy. (sic) — La Hoch. — femme E. J. Salomon, — Jeane (sic) Juthene — Elise Salomon. Vve Baudoin. — M. Guérand.

Citoyenne Quineuve. - citoyenne J. P. Marais. — Coquerol. Henry. — Radelaf. Vve. (1).

PIÈCE VII

EXTRAITS

des Procès-Verbaux des Délibérations

DU CLUB DES AMIS DE LA CONSTITUTION

DE LORIENT

Séance du 1er Octobre 1792, l'an premier de la République

Présidence de M. KERLERO

La séance a été ouverte par la lecture du procès-verbal de la précédente.

Un des commmissaires à la correspondance a ensuite donné connoissance à la société des dépêches reçues par le courrier du 30.

---

(1) — L'orthographe des signatures est scrupuleusement respectée.

Le citoyen Canière qui occupoit le fauteuil a annoncé que le terme de la présidence étoit expiré et il a été remplacé par le citoyen Kerlero cadet, que la majorité des suffrages appeloit à lui succéder.

Le Président a annoncé une lettre des membres de la Société des Amis de la Liberté et l'Egalité séante à Port-Louis. Cette lettre, relative au nommé Dupin ingénieur des fortifications, étoit suivie d'un mémoire justificatif du sieur Dupin sur la démolition du pont dépendant de la citadelle du Port-Louis. La lecture de ces deux pièces a été faite.

Un membre a demandé à communiquer à l'assemblée deux lettres particulières écrites de Brest et adressées à deux citoyens de cette ville. La 1re de ces lettres dit qu'un particulier de Lorient a annoncé par sa correspondance à un citoyen de Brest la dissolution de notre société, etc., etc.. . . . .

. . . .

La deuxième lettre étoit relative aux divers avis répandus sur l'assassinat du sieur Gérard.

Divers orateurs pénétrés de la nécessité d'exposer la vérité de cette scène d'horreur sur laquelle tous les bons citoyens gémissent, ont proposé d'envoyer l'historique à nos frères de Brest en leur annonçant que cet assassinat étoit l'ouvrage de quelques scélérats dont la loi fera justice ; cette proposition a été adoptée.

Par amandement à cette délibération et sur la connoissance donné à l'assemblée par un de ses membres qu'il existoit une pièce justificative du sieur Gérard, qu'il étoit intéressant pour sa mémoire de faire circuler, il a été arrêté que les commissaires à la correspondance joindraient des exemplaires de cette pièce aux circulaires dont l'envoi a été déterminé. . . . .

. . . .

PIÈCE VIII

Séance du 5 Octobre, l'an Ier de la République.

Présidence de M. KERLERO

La séance a été ouverte par la lecture du procès-verbal de la précédente.

Un des secrétaires a donné connoissance des dépêches apportées à la Société par le courrier du 4.

Par suite de ce rapport le citoyen Joubert est monté à la tribune et a annoncé que le citoyen Canière, l'un des commissaires à la correspondance, s'étoit, conformément à la délibération prise dans la dernière séance, occupé de l'historique à envoyer à nos frères de Brest sur l'assassinat du Sieur Gérard, mais, requis de partir avec le détachement envoyé au Faouët pour y rétablir le calme, il l'avoit chargé de cette pièce, ainsi que de la lettre d'envoi.

La lecture en a été faite et la discussion s'est ouverte sur la rédaction de l'historique.

Un orateur en approuvoit le contenu sauf quelques légers changements : d'autres ont demandé que la vérité de cette scène fut exposée dans tout son jour. L'un d'eux a surtout représenté combien la variété des récits répandus dans plusieurs villes peuploient notre cité ; il a conclu à ce qu'un récit vrai fut envoyé à toutes les Sociétés affiliées. Divers membres appuyant cette proposition ont néanmoins observés que les détails de cette scène et des causes qui l'ont produite n'étoient pas assez connus pour que l'assemblée s'occupat de suite de l'envoy de l'historique. Ils ont conclu à ce que l'envoy fut différé et ont proposés d'écrire une circulaire aux Sociétés affiliées principalement à celles de Nantes, Rennes, etc., dans laquelle on exposeroit simplement les faits en écartant l'historique. Cette proposition a été adoptée et l'exécution en a été confiée aux citoyens Kervelain, Geslin et Fontan.

Sur la motion d'un des orateurs ; l'assemblée a arrêté que les commissaires à la correspondance présenteroient un projet d'adresse à la Convention nationale pour la féliciter sur ses travaux.

Divers membres qui n'avoient pu assister au serment prêté par la Société dans la dernière séance ont été admis à le prêter.

Séance levée à 8 heures.

PIÈCE IX

Séance du 8 Octobre, l'an Ier de la République.

Présidence de M. KERLERO

La séance a été ouverte par la lecture du procès-verbal de la précédente.

Un des secrétaires a donné connoissance à la Société des dépêches reçues par le courrier du 7 Octobre.

Il a été fait lecture d'une lettre écrite à la société séante à Brest en réponse à celle qui nous avoit été adressée précédemment pour nous demander le récit de l'événement passé dans nos murs les 14 et 15 Septembre ; la rédaction en a été approuvée et l'assemblée a délibéré que pareille lettre seroit envoyée aux sociétés de Nantes et Rennes.

Il a été aussi, etc. . . . .
. . . .

PIÈCE X

Acte de deces de Jean-Louis Gerard.

MAIRIE DE LORIENT

EXTRAIT du registre des actes de décés de la ville et commune de Lorient (Morbihan) pour l'année 1792, où est écrit ce qui suit :

Le seize de septembre mil sept cent quatre-vingt-douze, a été inhumé dans le cimetière de cette paroisse le corps du sieur JEAN-LOUIS GÉRARD, négociant, époux de dame Marie-Victorine Collet, natif de cette ville, mort d'hier, âgé d'environ trente-deux ans. Ont assistés au convoi les soussignants avec nous, Bourgault, Soibaud ./· Un mot rayé nul ./·

PIÈCE XI[(1)]

Correspondance de M. Gérard, fils aîné.
NÉGOCIANT A LORIENT

relative aux envois d'armes et autres marchandises qui lui ont été adressées et qu'il a chargé sur **La Bellonne,** *allant à l'Isle-de-France.*

Messieurs veuve Peyret et Dubois, de Saint-Etienne, écrivent le 13 mars 1792 qu'ils ont adressé le 15 février, à M. Gérard, par la voie de M. Benoist Vial de Nantes, huit caisses armes marquées et numérotées $\frac{P \cdot D}{G \cdot R}$ n° 1 à 8 ; que le 5 mars suivant, ils avoient expédié huit autres caisses, même marque ; et que, sous huit jours, au plus tard, ils expédieroient les autres caisses restant de la demande de M. Gorlier, de Pondichéry.

Se référant à leur lettre du 13 mars ci-dessus, et à l'avis de l'expédition de seize caisses $\frac{P \cdot D}{G \cdot R}$ destinées pour M. Gorlier, MM. veuve Peyret et Dubois, le 21 mars avisent M. Gérard de la dernière expédition de dix caisses, même marque, n° 17 à 26 ; le tout pour suivre les ordres de M. Gorlier, en tenant compte de ses déboursés.

Se conformant aux ordres de MM. veuve Peyret et Dubois, M. Benoist Vial, de Nantes, par lettre du 13 avril, remet le connoissement de huit caisses d'armes chargées à l'adresse de M. Gérard, pour compte de M. Gorlier, sur la barque *la Sainte-Anne,* capitaine Mittis. L'acquit à caution, n° 610, lui est duement renvoyé le 20 Avril, et duement déchargé.

Par lettre du 3 Mai, le dit Benoist Vial remet connoissement de dix caisses chargées sur *la Marie-Toussaint,* capitaine Guégan, et annouce que huit autres caisses doivent lui arriver le lendemain. Par réponse du 16 mai, M. Gérard retourne l'acquit à caution n° 610, duement déchargé, et omis d'insérer dans la lettre du 20 Avril dernier. Le 2 Juin, M. Benoist Vial remet connoissement des huit dernières caisses d'armes chargées sur *la Marie-Toussaint,* capitaine Guégan, avec acquit à caution, n° 916, qui lui est retourné déchargé le 17 Juin.

A cette lettre était joint le compte de ses déboursés, dont suit le texte :

Compte des frais à la réception des vingt-six caisses armes venant de Saint-Etienne pour compte de M. Gorlier, à l'adresse de MM. veuve Gérard et compagnie ; comme suit :

$\frac{P \cdot D}{G \cdot R}$ 1 à 8. Huit caisses chargées sur *La Sainte-Anne,* le 12 avril dernier, sous plomb et par acquit à caution, N° 610, suivant connoissement, signé *Mittis.*

G-R, N° 17 à 25. Dix caisses chargées le 3 mai sur la *Marie-Toussaint,* sous plomb et par acquit à caution, N° 701, suivant connoissement signé *Guégan.*

G-R, N° 9 à 16. Huit caisses chargées le 2 juin, sur la *Marie-Toussaint,* sous plomb et par acquit à caution, N° 916, suivant connoissement signé *Guégan.* Ce compte est signé *Benoist Vial.*

---

(1) Ces pièces nous ont été communiquées par M. Maré.

Il est donc évident que les vingt-six caisses G-R. N° 1 à 26, annoncées par MM. veuve Peyret et Dubois, et venues par l'entremise de M. Benoist Vial, de Nantes ont toutes été expédiées comme caisses d'armes.

Passons à ce qui concerne les huit colis N° 1 à 8.

MM. veuve Peyret et Dubois, à Saint-Étienne, écrivent le 12 Avril, qu'ils ont adressés depuis trois jours pour compte de M. Gorlier, quatre colis, consistant en trois caisses et un tonneau N° 1 à 4. Le 25 du même mois, ils écrivent qu'ils ont adressés de nouveau quatre colis, pour le même M. Gorlier, sous la marque des premiers. N° 5 à 8, pour lesquels ils prient M. Gérard de suivre les ordres de M. Gorlier.

Lettre de MM. Feydeau et Thibaud, de Nantes, du 3 juin, informant qu'ils ont reçu de MM. veuve Peyret et Dubois; huit boucauds et colis marqués G, L, N° 1 à 8, pour faire parvenir à M. Gérard, qui, répondant le 6 juin, en demande l'expédition par première chasse-marée, avec avis.

Conformément à ces ordres, MM. Feydeau et Thibaud remettent le 10 juin connoissement de huit colis clincaillerie n° 1 à 8, G. L., chargés sur *la Marie-Toussaint*, capitaine Guégan, par connoissement signé dudit, sous la dénomination de huit colis clincaillerie, en destination des Indes françaises, sous plomb et par passavant.

Cette lettre porte le compte des déboursés de MM. Feydeau et Thibaud, dont le titre est ainsi énoncé :

G. L. *Compte de nos frais à la réception et expédition de huit colis clincaillerie, d'envoi de MM. Veuve* PEYRET *et* DUBOIS, *de Saint-Étienne, par le bateau de Daguet, et chargé à bord de la Marie-Toussaint. capitaine Guégan, pour compte de MM. Veuve* GÉRARD, *Fils et Compagnie.*

Il est donc aussi évident que les huit colis G. L., n° 1 à 8, pour M. Gorlier, ont été expédiés et reçus comme caisses de clincaillerie.

Un autre envoi de huit caises d'armes M. G n° 1 à 8 a été fait à M. Gérard.

MM. Guilliaud, père et fils, de Lyon, l'instruisent le 2 août, de l'expédition de ces caisses, en lui recommandant de suivre les ordres de MM. Ph. et Ant. Couve, de Marseille. Le 10 août, ces derniers confirment cette expédition, se déclarent les propriétaires de ces armes, et ordonnent de les charger sur le vaisseau le premier à parti pour l'Isle-de-France, à l'adresse de MM. Ph. et Ant. Couve, négociant, de cette colonie. M. F. Daguère, de Nantes, ayant reçu ces caisses, demande le 17 juin, les ordres de M. Gérard, et par suite, le 26 du même mois, il remet le connoissement de huit caisses d'armes M. G., N° 1 à 8, chargées sur le *Saint-Antoine*, capitaine Kersero, sous plomb et par acquit à caution, N° 1165.

Il existe donc trois envois bien distincts, adressés à M. Gérard.

1° G. R., N° 1 à 26. Vingt-six caisses dites d'*armes*, par la voie de M. Benoist Vial, de Nantes, en trois expéditions et sous trois acquits à caution.

2° G. L., N° 1 à 8. Huit colis dits *clincaillerie*, par la voie de MM. Feydeau et Thibaud, de Nantes, en destination des Indes Françaises, par connoissement signé *Guégan*, et par simple passavant.

Ces deux envois provenant de Veuve Peyret et Dubois, de Saint-Étienne, pour compte de M. Gorlier de Pondichéry.

3° M. G., N° 1 à 8. Huit caisses d'*armes* d'envoi de MM. Guilliaud père et fils, de Lyon, par F. Daguère, de Nantes, pour compte de MM. Ph. et Ant. Couve, de Marseille, en destination pour les Isles-de-France.

En conséquence des ordres qu'il avoit reçus des propriétaires de ces envois, M. Gérard, le 18 juin, fit une soumission à la Municipalité, pour en obtenir le permis de charger sur *la Bellone*, allant à l'Isle-de-France, les vingt-six caisses G. R. N° 1 à 26, contenant ensemble six cent cinquante fusils. Le permis fut délibéré le même jour, 18 juin, et signé *Dusaulchoy, Maire, Dorigny J. Garnier, Cordon, Chedeville, Rozé et Deschiens,* substitut du Procureur de la Commune

Le 26 juillet, autre permis fut demandé pour le chargement des huit caisses M. G., N° 1 à 8, à bord de *la Bellone*. Il fut aussi délivré ledit jour et signé *Dorigny, Desjardins, Cordon, Chedeville, Thomas Macé*, et *Michel*, Secrétaire-Greffier.

On voit que M. Gérard ayant reçu trente-quatre caisses d'armes, a obtenu de la Municipalité le permis d'embarquer trente-quatre caisses d'armes sur *la Bellone* ; il étoit persuadé de les avoir chargées aux deux époques où il en avoit fait prendre l'expédition. Cependant, le 14 septembre, au moment du chargement à bord de *la Bellone*, de cinq colis G. L., mentionnés ci-dessus et désignés *clincaillerie*, avec d'autres caisses on a reconnu, dans le nombre G. L., deux caisses d'armes qui avoient été déclarées comme *clincaillerie* sur l'expédition pour le chargement. D'après cela est-on fondé à croire que M. Gérard ait voulu charger plus de fusils que les permis ne portoient ? Non ; puisqu'après que les caisses d'armes chargées sur *la Bellone*, par M. Gérard, en ont été déchargées d'après le vœu du peuple, la Municipalité a reconnu et constaté, par un procès-verbal daté du 21 septembre dernier, dont ci-après copie, que dans les vingt-six caisses G. R. déclarées comme caisses de fusils, et pour le chargement desquelles elle avoit délivré un permis, il y avait deux caisses contenant tourne-broches et autres objets réputés clincaillerie. Les deux caisses G. L. qui se trouvaient être des fusils n'étoient donc pas un excédent, mais devenoient par événement le complément de la soumission de M. Gérard.

PIÉCE XII[1]

Le Conseil général de la commune, sur la demande et réquisition de la famille de feu M. Gérard, de prendre connoissance de la correspondance de sa maison, relativement aux divers chargements d'armes qu'elle a faits, déclare qu'après avoir vérifié les lettres et autres pièces mentionnées ci-dessus il reconnoit le présent extrait véritable et conforme aux originaux qui ont été chiffrés par trois de ses membres, au nombre de vingt-deux pièces. En foi de quoi il a été délivré la présente pour servir et valoir ce que de raison.

A l'Orient, le 3 octobre 1792, l'an premier de la République Française.

Dusaulchoy, maire ; Dorigny, Lasé, Rozé, J. Garnier, Chedeville, Deschiens, substitut du Procureur de la commune ; Christy, Pellaire aîné, Mocquer, D. Michaud, Roussel, Lechesn... Cordon, Cordier, Elary, Martin, Jourdanet, Delacour, Bijotel, Lavaise.

---

(1) La communication de toutes les pièces qui vont terminer ce récit est due à l'obligeance de M. Arthur MACÉ, rédacteur en chef du *Petit Breton* à Vannes.

PIÉCE XIII

Extrait du procès-verbal du 21 septembre
l'an quatrième de la Liberté.

Les Officiers municipaux, notables et citoyens nommés par délibération du Conseil général de la commune, du présent mois pour la vérification des caisses dites d'*armes*, transportées dans les magasins de la maison commune, et déchargées du vaisseau *la Bellone*, en destination des Isles-de-France et de Bourbon ; ouverture faite des vingt-six caisses d'armes appartenant à la Maison veuve Gérard, fils aîné et compagnie, sous la marque G R. N° 1 à 26, les 2 caisses numérotées 25 et 26, se sont trouvées contenir, la première, vingt-deux fusils de chasse à un ou deux coups ; et la seconde, des tournes-broches.

Une seconde partie marquée M. G., n° 1 à 8, provenant également du même navire, est chargée par la même Maison, a été ouverte et reconnue pour être des fusils de traite.

Une troisième partie G. R. n° 1 à 2, deux colis qui alloient à bord du vaisseau *la Bellone*, le 14 septembre, sous la déclaration de *clin illerie*, par la même Maison Gérard, et ouverts sur le ponton de charge, ont été reconnus pour être des fusils de traite.

De tout quoi ont dressé et signé le présent pour servir et valoir ce que de raison.

Signé : *Dusaulchoy*, maire ; *J. Garnier, Chederille*, officiers municipaux ; *Bijotel, Lacaysc, Bruchard, D. Michaud*, notables.

Il résulte donc, d'après les pièces ci-dessus, que M. Gérard a reçu trente-quatre caisses dites *armes*, et huit colis dits *clincaillerie*, sous les marques et numéros ci-après :

G. R., N° 1 à 26. Vingt-six caisses dites *armes*.
M. G., N° 1 à 8. Huit caisses dites *armes*.
G. L., N° 1 à 8. Huit colis dits *clincaillerie*.

Les trente-quatre caisses dites *armes*, ont été embarquées pour l'Isle-de-France sur le vaisseau *la Bellone*, les 17 juin et 26 Juillet, avec permission de la Municipalité ; et les huit colis dits *clincaillerie*, le 14 septembre, époque funeste au malheureux et infortuné Gérard, qui, du fond de sa prison, ne put faire entendre la voix de son innocence. Si les agitateurs de quelques scélérats avoient voulu prendre connoissance de sa correspondance, ils auroient reconnus, comme tout le monde le reconnoîtra, que M. Gérard étoit seulement commissionnaire ; qu'il avoit expédié ces marchandises comme il les avoit reçues, et que l'erreur d'expédition à l'Orient provenoit d'une erreur faite à Saint-Etienne, où le fabriquant marqua deux caisses G. R. sous la dénomination de fusils, ne contenant que des *tournes-broches et fusils de chasse à deux coups* ; et deux caisses G. L. contenant *fusils de traite*, sous la dénomination de *clincaillerie*. Ainsi, il n'a pas été embarqué plus de fusils que ne portent les permis de la Municipalité ; et si les agitateurs qui portoient le trouble en ville, avoient donné le temps aux représentants d'une commune encore vierge dans la Révolution, de faire la visite qu'ils ont faite le 21 septembre, Gérard vivrait encore, sa famille n'auroit pas à pleurer un bon parent, et la ville de l'Orient à regretter un bon citoyen.

A l'Orient, de l'Imprimerie de veuve BAUDOIN, rue de Bretagne, n° 10.

PIÉCE XIV

État des armes de différentes qualités chargées à bord des vaisseaux La Beauté et la Bellone pour l'Isle-de-France et qui en ont été débarquées les 15, 17 et 18 septembre 1792 par MM. les Commissaires nommés à cet effet par le Conseil général de la commune de la ville de l'Orient.

SAVOIR :

Sur le navire *La Beauté*

L. E. 1 caisse marquée J. L. G. N° 3 contenant 33 fusils et leurs bayonnet-tes de Charleville.
N° 5. 1 caisse de 33 d°
6. 1 d° de 33 d°
7. 1 d° de 33 d°
8. 1 d° de 33 d°
2 d° brisées à bord, contenant ensemble 66 fusils.
J. P. G. N° 1 malle simple de divers effets contenant 5 fusils chasse à 2 coups.

Sur le navire *La Bellonne* :

G. R. n° 1. 1 caisse de 25
2. 1 d° de 25
3. 1 d° de 25 — canons de
4. 1 d° de 25 — St-Etienne
5. 1 d° de 25 — bronzés et
6. 1 d° de 25 — dorés
7. 1 d° de 25
8. 1 d° de 25
9. 1 d° de 25
10. 1 d° de 25
11. 1 d° de 25 — sans nom
12. 1 d° de 25 — de
13. 1 d° de 25 — St-Etienne
14. 1 d° de 25
G. R. n° 15. 1 caisse de 25
16. 1 d° de 25
17. 1 d° de 25 — sans nom
18. 1 d° de 25 — de
19. 1 d° de 25 — St-Etienne
20. 1 d° de 25
21. 1 d° de 25
22. 1 d° de 25

suite du navire *La Bellonne* :

G. R. n° 23. 1 d° de 25 — avariée de
24. 1 d° de 25 — St-Etienne
25. 1 caisse — 12 fusils de chasse à 1 coup
contenant — 10 fusils de chas-se à 2 coups
26. 1 d° contenant des tour-nes-broches
G. M. n° 1. 1 d° de 25 fusils sans ba-guettes très-mauv.
2. 1 d° de 25
3. 1 d° de 25
4. 1 d° de 25
5. 1 d° de 25
6. 1 d° de 25
7. 1 d° de 25 de Bapt Caris
8. 1 d° de 25
G. R. 1. 1 d° de 25 — avec baguettes à calibres
2. 1 d° de 25 — divers
G. L. 3. 1 d° de pe-tite contenant — 2 d° pistolets de ceinture / 6 d° pistolets garnis en ar-gent, en cuivre et fer, de mi-arçon. / 12 sabres / 12 épées

TOTAL.. 41 caisses

à déduire :

Caisses brisées............................ 2
Tournes-broches........................... 1
Fusils de chasse........................... 1
Sabres et pistolets........................ 1

                      4

Reste.......................... 40 caisses à la douane nationale sur le port.

5 espingolles : 3 en cuivre à une desquelles il manque une batterie et 2 en fer complètes.

55 mauvais fusils hors d'état de service, les canons n'étaient pas de calibre.

Il y a de plus en ville entre les mains de divers armuriers, une quantité de 200 fusils d'ordonnance dont on pourroit disposer.

Nous, maire et officiers municipaux certifions le présent état véritable et conforme aux procés-verbaux dressés à bord des susdits vaisseaux.

l'Orient 21 septembre 1792 l'an 4. de la Liberté, le 1. de l'Egalité.

Chedeville, J. Garnier, Dusaulchoy, maire, Christy-Pallière ainé, not. pour *La Beauté*, Marquer, pour la *Bellonne*, d'Origny, Desjardins, Laurent Macé.

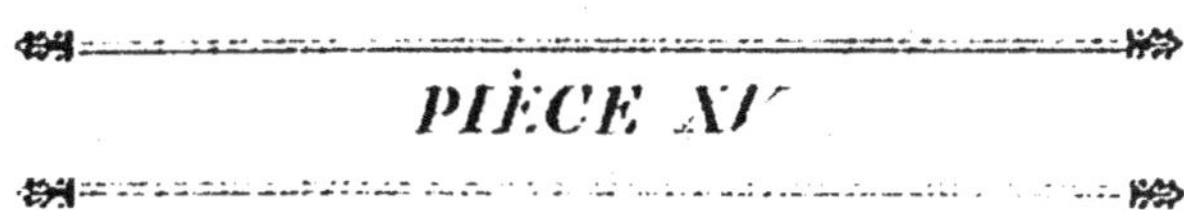

PIÈCE XV

Lorient, le 21 septembre 1792 l'an 4e de la Liberté, et la première de l'Égalité.

Messieurs,

Vous avés été instruits par MM. vos collègues Le Mir et La Potaire de l'événement malheureux arrivé dans nos murs samedy dernier, et leur présence nous a dispensé du devoir d'en instruire M. le procureur-sindic. Une erreur a causé ce désastre et par le compte que nous joignons à cette lettre, vous verrez que dans un premier envoy d'armes fait à bord du navire *la Bellone* par la maison Gérard, il portoit une note de 26 caisses d'armes marquées G. R. N° 1 à 26. Un second envoy portoit 8 caisses N° 1 à 8 marquées G. M. également d'armes, toutes embarquées avant la connoissance du décret de l'Assemblée nationale sur l'exportation des armes hors du Royaume, lequel décret ne nous est pas encore parvenu officiellement.

Vendredy 14 courant la maison Gérard envoya à bord du même vaisseau deux caisses marquées G. L. N° 1 à 2 déclarées comme clincailleries : ces deux caisses furent ouvertes sur le quai prêtes à être embarquées, et reconnues pour être des caisses d'armes. L'effervescence populaire se manifesta aussitôt. La municipalité en fut à peine instruit (*sic*) qu'elle ordonna que la visite seroit faite à bord de ce dit vaisseau, également que sur le navire *la Beauté* en armement pour l'Isle-de-France. Un officier municipal, deux notables et vingt commissaires-citoyens furent nommés pour procéder à cette visite. Le soir même les scellés furent apposés partout, et dès le 15 au matin, on commença cette opération, et l'on envoya à la Mairie-commune une grande partie des caisses d'armes chargées sur ces deux vaisseaux.

Cette opération a duré jusqu'à mercredy, et hier au matin on a procédé à l'ouverture des 42 caisses et à la vérification de leur contenu. C'est par cette vérification que l'erreur fatale a été découverte, puisque dans les 26 caisses marquées G. R., les N° 25 et 26, la dernière contenoit des tournebroches, et l'autre, le N° 25, douze fusils de maître à un coup et dix à deux coups. objets qualifiés et reconnus pour être dans la classe de la clincaillerie.

Si les deux caisses marquées G. L. avoient été embarquées dans le tems où elles auroient dû l'être, suivant la déclaration faite, alors les deux caisses de clincaillerie auroient été visitées vendredy dernier, et ce malheureux accident ne seroit point arrivé.

Il résulte, Messieurs, de la vérification de ces 34 caisses contenant chacune 25 fusils que nous avons à la disposition de la nation, et pour le compte de la maison Gérard la quantité de 850 fusils du calibre de vingt balles à la livre et de différentes qualités. Ne les ayant point fait examiner, nous ne pouvons répondre de leur sûreté ni des réparations qu'il pourroit y avoir à faire. Nous vous observons que ces armes sont ce qu'on appelle des armes de pacotille et non des fusils d'ordonnance.

Il y avoit de plus à la marque G. L. N° 3 une caisse déclarée également clincaillerie, contenant les objets mentionnés en l'état ci-joint.

Le navire *la Beauté* ne portoit que le chargement de 7 caisses d'armes marquées ⁺ᴶᴾᴳ_LE chargées pour la maison Lauchon, également avant le connoissement du décret de l'Assemblée nationale, contenant chaque 33 fusils, faisant ensemble 231 fusils, dont la caisse N° 4 ceux du calibre de fusils d'ordonnance, et les autres dans la classe de ceux du navire *la Bellone*. Il a été de même ouvert à bord du navire *la Beauté* une malle marquée L. E. dans laquelle s'est trouvé cinq fusils de maître à deux coups qui ont aussi été transportés à l'hôtel commun, chargée par la maison Lauchon.

D'après ces connoissances, Messieurs, vous nous obligerés de les transmettre au département pour qu'il puisse nous donner des ordres positifs à cet égard.

Les membres du Conseil général de la commune en séance permanente :

Chedeville — d'Origny — Dusaulchoy, maire — Desjardins — Glotin — J. Garnier — Mocquer — D. Michaud — Le Floch — De la Cour — Duquesnel père — Rouxel — Martin — Guerchet — R. Salomon — Lavaysse.

M.M. les administrateurs du district d'Hennebont.

PIÈCE XVI

Pendant que certains personnages essayaient à Paris d'épargner aux coupables le châtiment de leurs crimes, et trouvaient des complices dans les députés du Morbihan, la Municipalité de l'Orient était l'objet de graves dénonciations devant le Ministre de l'Intérieur. En communiquant ces renseignements au district d'Hennebont, le Directoire du département invitait la ville à se justifier sur tous les points et à joindre à son mémoire le procès-verbal de « la malheureuse scène du sieur Gérard. » Il paraît que la réponse du Conseil général de la commune de l'Orient donna entière satisfaction aux administrateurs du Morbihan. Le 7 octobre, ils prirent la délibération suivante :

Vu la réponse du Conseil général de la commune, les corps judiciaires, l'administration civile de la marine et autres citoyens de la ville de l'Orient, au sujet d'une inculpation adressée contre eux au ministre, relatif (*sic*) au meurtre du sieur Gérard et les observations sur tous les moyens que l'on a employés pour les calomnier aux yeux du ministre, en date du 5 octobre 1792 l'an premier de la République française.

Nous, Administrateurs et Procureur général sindic composant le directoire du département du Morbihan, rendant le témoignage dû aux sentiments civiques que la municipalité de l'Orient n'a cessé de manifester depuis le commencement de la Révolution et que les dangers de la patrie n'ont fait qu'accroître.

Certifions que les Membres composant cette municipalité n'ont pas mérité de reproches, que des ennemis de la République et que ceux qui les ont inculpés auprès du ministre sont des calomniateurs indignes de toute confiance.

Attestons de plus que si la Municipalité de l'Orient n'a pas été assez heureuse pour épargner la mort du sieur Gérard, elle est digne des plus grands éloges pour les poursuites qu'elle fait des assassins de cette malheureuse victime de la fureur populaire, qui, supposé même qu'il soit coupable, ne devoit être jugé que par les magistrats organes de la loy.

Donné au Directoire du département du Morbihan, à Vannes, aux deux heures du matin de ce jour 7 octobre 1792, l'an I.

Ont signé : MM. Bechon, Vice-Président, Bigarré, Le Goesbe, Danet aîné, Gaverot, Gaillard ; procureur général sindic, et Chipaux secrétaire général (1).

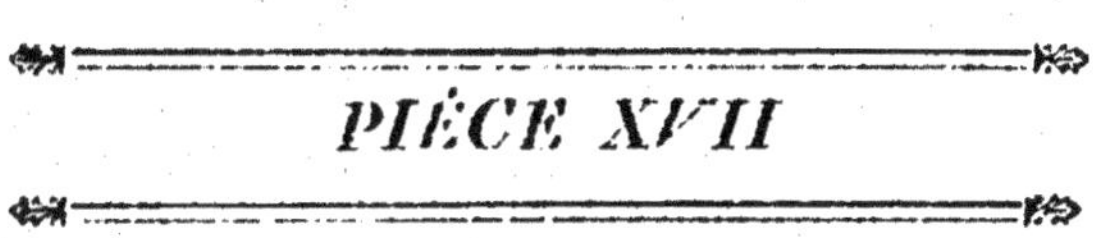

PIÈCE XVII

La décision de la Convention Nationale (2) donne lieu à une énergique protestation des administrateurs du département.

Voici ce document, adressé le 9 octobre 1792, au Président de la Convention (3).

Citoyen Président,

« Plus à portée de juger les évènements de la ville de l'Orient que nos concitoyens les député du Morbihan nous sommes loin de partager leur opinion sur la journée qui a vu périr Gérard sous le fer de ses assassins.

« Le citoyen Quinio a dit dans l'Assemblée de la Convention Nationale que Gérard était coupable ; mais où sont les preuves de cette assertion ? Nous qui sommes sur le terrain, nous que la plus inquiète sollicitude a porté à la suite des faits; et qui les connaissons par mille et mille raports, nous n'avons dû ajouter foi et nous n'avons crû qu'au procès-verbal de la Munîcipalité de l'Orient que nous nous sommes fait représenter, et qu'en résulte-t-il donc qui ait pu motionner l'opinion de la députation du Morbihan.

« Gérard a dû embarquer 28 caisses de fusils au mois d'avril dernier, une erreur fut commise alors, on n'en embarqua que 26 avec deux caisses de quincaillerie. Les deux caisses de fusils réputées quincaillerie dans le magasin de Gérard se sont retrouvées et ont été embarquées avec une déclaration analogue à l'erreur où il paroît qu'on étoit.

« Mais, fût-il coupable, ce Gérard, que nous ne voyons que malheureux. Etoit-ce au peuple à le juger et à l'exécuter ?

« La loi étoit là pour en faire la justice et le peuple n'est pas l'instrument de la loi.

« On a proposé à la Convention une amnistie sur cette scène d'horreur, en d'autres termes, on lui a proposé le décret d'anarchie universelle.

« Oui, citoyen président, si la sagesse de l'Assemblée étoit séduite par une telle

---

(1) Registre des délibérations et arrêtés du directoire du département du Morbihan, f° 187. R° et V°.

(2) Voir page 27.

(3) Correspondance du département. 1792, t. ... f° 119. R° et V°.

proposition, quelque couleur qu'on y donne, le sol de la France seroit bientôt désert.

« La loi a ses ministres dans un état bien gouverné, et si un groupe altéré de sang se met à la place des ministres de la loi, la République sera bientôt détruite.

« La faveur que méritent les évènements relatifs à la révolution du 10 août n'a point de raport avec l'assassinat de Gérard, ou bien vous décréterés que tous les crimes trouveront protection dans le temple de la loi.

« Nous demandons vengeance des assassins de Gérard.

« Nous demandons, pour éviter le risque de la translation des prévenus des prisons de l'Orient dans la maison de justice du département, que le tribunal criminel et les jurés soient autorisés par un décret à se transporter à l'Orient.

« Un grand exemple, citoyen président, dans la circonstance d'un grand crime, peut seul en imposer à ces hommes qui n'ont d'existence que dans l'anarchie. Nous ne le sollicitons pas, car nous ne sollicitons rien..... La loi..., rien que la loi.... nous en demandons le règne le plus entier, le plus absolu. C'est le vœu des administrateurs du département du Morbihan. »

ARCHIVES RÉVOLUTIONNAIRES DU MORBIHAN
PUBLIÉS
SOUS LA DIRECTION DE M. LOCPÉRAN LE KERRIVER

VI

TRIBUNAUX CIVILS & CRIMINELS

I

L'ASSASSINAT

du citoyen GÉRARD

*avec des notes et documents complémentaires pour servir
à l'éclaircissement du texte*

PAR

DIVERRÈS, MACÉ, LOCPÉRAN DE KERRIVER

LORIENT

Imprimerie Générale BRUILLET-LAVANGUE, 100, rue du Port.

1885